Mit dem Fahrrad entlang der Fietsallee am Nordkanal

Mit dem Fahrrad entlang der Fietsallee am Nordkanal

Fritz Schnell
Hrsg.: Themendienst Köln

Die schönsten Touren zwischen Neuss und Nederweert

Titelabbildung:
(Foto: Rhein-Kreis Neuss)

Bibliografische Information der Deutschen Bibliothek
Die Deutsche Bibliothek verzeichnet diese Publikation in der Deutschen Nationalbibliografie; detaillierte bibliografische Daten sind im Internet über http://dnb.ddb.de abrufbar.

Hinweis:
Die Adressen und Angaben im Serviceteil des Buches wurden vom Autor sorgfältig recherchiert und vom Verlag geprüft. Wir bitten um Verständnis, dass Verlag und Autor keine Garantie für die Richtigkeit der Angaben übernehmen können. Für Korrekturhinweise sind wir sehr dankbar.

1. Auflage 2009
© J.P. Bachem Verlag, Köln 2009
Einbandgestaltung: Heike Unger, Berlin
Idee, Layout, Satz: Themendienst, Köln
Lektorat: Kerstin Goldbach, Bergisch Gladbach
Druck: Grafisches Centrum Cuno, Calbe
Printed in Germany
ISBN 973-3-7616-2311-4

Bildnachweis

Alle Bilder Fritz Schnell bis auf:

S. 3, linkes Bild: Stadt Viersen
S. 18, rechtes Bild oben: Stadt Viersen
S. 36 linkes Bild oben: Stadt Venlo
S. 43 rechtes Bild: Stadt Venlo, © Sjaak Peters
S. 90 rechtes Bild: Gemeinde Baarlo

Mit unserem **Newsletter** informieren wir Sie gerne über unser Buchprogramm. Bestellen Sie ihn kostenfrei unter

Vorwort

Die Fietsallee entlang des Nordkanals wurde von NRW-Tourismus zur Radroute des Jahres 2009 gekürt.

Im vorliegenden Buch sind nun besonders attraktive Strecken für Jung und Alt entlang der Relikte des von Napoleon geplanten „Grand Canal du Nord" zusammengestellt. Die Radfahrer erleben neben den an diesem alten napoleonische Bauprojekt erhaltenen Architekturen die beeindruckende niederrheinische Landschaft an Rhein, Niers, Nette und Maas in Deutschland und in den Niederlanden. Sie erfahren den Reiz zahlreicher kleiner Orte mit ihren kulturellen Besonderheiten und ihrem einladenden Charakter, der hier die Welt immer noch „in Ordnung" scheinen lässt. Zahlreiche Gastronomie und Lokale entlang der Strecken geben ausreichend Gelegenheit, Energie zu tanken, um weiterhin kräftig in die Pedale treten zu können.

Die in diesem Buch beschriebene, fast 100 Kilometer lange Gesamtstrecke der Nordkanal-Touren von Neuss bis Nederweert ist in kleine Etappen aufgeteilt, um Familien, Tagesausflüglern und auch Mehrtagesradwanderern reizvolle Tagestouren auf bestens angelegten und sehr gut ausgeschilderten Radwegen zu bieten. Ebenso verhält es sich mit den ca. 270 Kilometer langen Rundtouren, die neben der eigentlichen Strecke entlang des Kanals in weiteren fünf Routen zu Sehenswürdigkeiten und schönen Orten abseits der beschriebenen Kanaltouren führen.

Zuverlässig geführt werden die Nutzer durch die genau aufgezeichneten Wegbeschreibungen und das übersichtliche Kartenwerk.

Der besondere Vorteil für die Leser: Die GPS-Daten aller Touren sind unter www.bachem.de/verlag kostenlos abrufbar.

Inhalt

5	Vorwort
8	Der Grand Canal du Nord
9	Einleitung

Die Kanaltouren

11	Kanaltour 1 Neuss bis Viersen Ein altes Projekt und ein neuer Weg
23	Kanaltour 2 Viersen bis Venlo Landpartie durch Felder und Sümpfe
35	Kanaltour 3 Venlo bis Weert Von der Maas zum schiffbaren Teil des Grand Canal

Die Rundtouren in Deutschland

47	Rundtour 1 Neuss - Zons - Neuss Ein Münster, Kunst, ein Kloster und eine Festung
59	Rundtour 2 Viersen - Hinsbeck - Viersen Die Hinsbecker Schweiz und die Niersauen

Die Rundtour in Deutschland und den Niederlanden

69	Rundtour 3 Kaldenkirchen - Venlo - Kaldenkirchen Im Naturpark Maas-Schwalm-Nette

Die Rundtouren in den Niederlanden

81	Rundtour 4 Venlo - Beringe - Venlo Eine Burgenstadt, Missionare und ein dichter Wald
95	Rundtour 5 Weert - De Groote Peel - Weert Von Wasserwegen und Hochmooren

Touristikservice

107	Bett und Bike am Nordkanal ADFC empfohlene Unterkünfte
108	Bike und Bahn am Nordkanal Tipps und Infos
111	Allgemeine touristische Informationen

Der Grand Canal du Nord

Im Jahr 1804 reiste Napoleon an den Niederrhein, um ein großes Projekt zu planen und am Ende zu befehlen: den Grand Canal du Nord zu bauen. Er hatte dafür einen guten Grund: Er konnte England militärisch nicht bezwingen, weshalb er eine Kontinentalsperre verhängte, um das Land wirtschaftlich zu schwächen. Die Niederlande spielten aber da nicht mit, sie wollten ihrer eigenen Wirtschaft nicht schaden – der Schiffsverkehr führte auf Rhein und Maas durch die Niederlande. Napoleon fand eine Lösung, dieses Problem zu umgehen und den Holländern ihre Vormachtstellung zu nehmen: eine Wasserstraße als direkte Verbindung vom Rhein (erobertes Gebiet) über Maas und Schelde hin zum Seehafen in Antwerpen, der unter französischer Kontrolle stand. 1809 wurde der Grundstein zum Bau des Kanals in Neuss gelegt und dann arbeitete man über ein Jahr lang hart am Projekt, bis im Jahr 1810 die südlichen Niederlande mit Frankreich vereinigt wurden. Der Kanalbau war jetzt hinfällig geworden und im Jahr 1811 wurde der Bau eingestellt.

Nach dem Ende der französischen Besatzung wurde der fertige Kanalabschnitt von Neuss bis Neersen unter preußischer Verwaltung schiffbar gemacht. Auf ihm wurde bis in die 40er Jahre des 19. Jahrhunderts Kohle und auch Personen befördert. Doch der technische Fortschritt bereitete diesem Wasserweg bald ein Ende. Die Eisenbahn entwickelte sich zu einem wesentlich effizienteren Beförderungsmittel und so fuhr 1850 das letzte Schiff über den Nordkanal. In der Folge verebbte der Kanal und diente nur noch als Abwasserlauf.

Aber er wurde wiederentdeckt. Zur EUROGA 2002 wurde an seinem ursprünglich geplanten und noch vorhandenen Lauf ein Radweg ausgewiesen: die Fietsallee am Nordkanal. Sie führt vom Neusser Sporthafen nach Nederweert in den Niederlanden und ist aufs Beste markiert. Der Verlauf ist auf den befestigten Streckenabschnitten mit blauen Linien, die mit gleichfarbigen Querstrichen unterbrochen sind, gekennzeichnet, und auf nicht asphaltierten Abschnitten, wie Waldwegen sind entlang des Verlaufs gleichfarbige rechteckige Markierungssteine in 50 Meter Abständen aufgestellt. So gewinnt man den Eindruck, dass sich hier ein riesiges Maßband durch die Landschaft zieht. An markanten Stellen finden sich zudem noch rotweiß geringelte Stelen, die auf besondere Ingenieurleistungen entlang des Kanals hinweisen. Zudem sind Details des Baus entlang der Route auf vielen Informationstafeln dokumentiert.

Entlang des blauen Bandes erfahren wir die niederrheinische Landschaft, genießen die Natur, besuchen die kleinen und großen Orte am Weg, lernen viel über dieses große Projekt und erkunden auf einigen Rundtouren den Niederrhein und seine Sehenswürdigkeiten.

Einleitung

Über dieses Buch

Wir haben, um Ihnen die faszinierende Landschaft am Nordkanal und entlang der Flüsse Niers, Nette und Maas nahezubringen, die Touren sorgfältig ausgesucht. Dabei gingen wir von unserer Freude am Radfahren aus und folgten dem Wunsch nach Erholung, Genuss und körperlicher Betätigung in einem Paket. Daraus ist ein Radführer entstanden, der natürlich sein Hauptaugenmerk auf die genaue Streckenführung legt – alle Touren haben wir mit einem GPS-Gerät abgefahren und die aufgezeichneten Tourdaten auf unsere Karten übertragen.

Dieser Radführer soll Familien sowie sportliche Fahrer und Genussradler gleichermaßen zufriedenstellen. Deshalb haben wir nicht vergessen, dass Kultur, Essen und Trinken, Vergnügen und vor allem die Schönheit der Landschaften nicht zu kurz kommen.

Zur Handhabung des Buches

Der Band ist unterteilt in drei Touren entlang des Nordkanals durch Deutschland und die Niederlande sowie drei Nebentouren durch die schönsten Landstriche am deutschen Niederrhein, die sich von den Haupttouren am Kanal aus als Rundtouren fahren lassen. Ebenso sind wir in den Niederlanden verfahren: zwei Touren führen durch die Naturparks und Flusslandschaften zwischen Venlo und Nederweert. Die einzelnen Kapitel teilen sich wie folgt auf: Zuerst kommt die bebilderte Tourbeschreibung, die Sie einstimmen soll auf die Besonderheiten der jeweiligen Tour und die Ihnen zeigt, was es Interessantes entlang der Strecke zu entdecken gibt. Dann fügt sich die Tourkarte an, die Ihnen auf der Fahrt eine grafische Hilfe sein soll. Danach folgt eine genaue tabellarische Auflistung der Strecke mit Abbiegepunkten, Weglängen und Vermerken zu den wichtigsten Besonderheiten. Diese haben wir so angelegt, dass Sie sich an ihr orientieren können ohne zusätzlichen Text lesen zu müssen. Schließlich folgt am Ende einer jeden Tour der Serviceteil mit einem Tipp zu Essen und Trinken sowie den Sehenswürdigkeiten in der alphabetischen Reihenfolge der durchfahrenen Orte. Und natürlich – ein nicht unwichtiges Detail – eine Auflistung von Fahrradhändlern und -werkstätten an den entsprechenden Strecken.

Essen, Trinken und Unterkünfte

In den von uns befahrenen Regionen ist das gastronomische Angebot enorm und so haben wir uns entschieden, nur einen Restauranttipp zu geben. Dabei sprechen wir keine Qualitätsempfehlungen aus, sondern erwähnen nur Betriebe, bei denen wir es uns auf unseren Touren haben gut gehen lassen. Im Anhang finden Sie ein Verzeichnis der vom ADFC empfohlenen „fahrradfreundlichen Unterkünfte". Bei der Suche nach weiteren Einkehrmöglichkeiten helfen Ihnen die Internetseiten der Touristikbüros sowie der Orte und Städte meist sehr gut weiter. Aber auf jeder Tour findet man dann doch immer wieder Neues; lassen Sie sich überraschen!

Sehenswürdigkeiten

Auch hier folgten wir Empfehlungen, haben aber auch das eine oder andere Schmankerl aus eigenem Erleben hinzugefügt. Sicher bieten die Gemeinden und Städte entlang des Nordkanals viel mehr Attraktionen und Sehenswürdigkeiten. Diese hier aufzuzählen, würde den Rahmen jedoch sprengen und das Konzept, Ihnen einen gebrauchsfähigen Fahrradtourenführer an die Hand zu geben, verfehlen.

Fahrradhilfe

Bitte beachten Sie, dass wir nicht in jedem Ort einen Fahrradladen finden konnten, deshalb kann die nächste Hilfe manchmal einige Kilometer entfernt liegen.

GPS

Alle Touren haben wir mit dem GPS-Gerät aufgezeichnet und halten die Daten auf der Webseite des Bachem-Verlages kostenlos unter www.bachem.de/verlag für Sie in den für die meisten Geräte lesbaren Formaten bereit. So können Sie die Touren in Ihr GPS-Gerät laden und durch dieses geführt unsere Touren abfahren.

Die Kanaltouren

Markanter Startpunkt der Tour: ein rotes N gegenüber dem Neusser Sporthafen

Ein altes Projekt und ein neuer Weg

Heute geht es auf unsere erste Tour entlang des Nordkanals oder des „Grand Canal du Nord", wie er aus historischen Gründen richtig heißen würde. Wir bleiben der Einfachheit halber bei der ersten Bezeichnung, auch später in den Niederlanden, wo er „Noordervaart" genannt wird.

Um keinen Meter dieses historischen Weges zu verpassen, müssen wir zunächst einmal zu seinem Startpunkt gelangen, auch wenn wir später einen kleinen Teil des Weges noch einmal zurückfahren werden. Der günstigste Zugang dorthin ist für Zugreisende der **Bahnhof Neuss-Süd**. Von dort aus gelangen wir am schnellsten zum **Neusser Sporthafen** im Stadtteil Gnadental, wo die „Fietsallee am Nordkanal" beginnt. Das ist dort auch deutlich dokumentiert: Eine große Informationstafel zu Historie und Verlauf des Kanals ist aufgestellt worden und ein metallener Quader mit einem leuchtend roten N darauf, der weithin sichtbar in die Parklandschaft am Rhein gebaut wurde.

Von nun ab begleitet uns das **„blaue Band"** und die rot-weißen Stelen als Wegweiser für die Fietsroute. Das blaue Band ist immer dort durchgängig auf den Boden gemalt, wo es der Untergrund zulässt, also zumeist auf den asphaltierten Radwegen und Straßen. Wo dies nicht möglich ist, al-

Die „Erlebnisbrücke" an der Niers

so auf unbefestigten Wegen, stellte man im Abstand von fünfzig Metern blaue Pfosten an den Wegesrand, die die Orientierung enorm vereinfachen. An bestimmten Streckenabschnitten wirken sie wie ein endlos langes Kunstwerk in der Landschaft. Die seltener aufgestellten, großen rot-weißen Stelen dienen nicht nur der Orientierung, sondern markieren des Öfteren Punkte herausragender Ingenieurleistungen am Kanal.

Wir können uns also bedenkenlos dieser optischen Wegweisung anvertrauen und uns, statt auf Radkarten zu schauen, auf die Landschaft konzentrieren. Die wechselt im Verlauf unserer Tour immer wieder zwischen urbaner Parklandschaft, Industrieräumen, Landstraßen und Feld- Wald- und Wiesenabschnitten.

Vom **Sporthafen** aus radeln wir in der Auenlandschaft am Rhein unter Bäumen hindurch auf dem **Scheibendamm**, vorbei am alten **Brückenwärterhäuschen** und landen schließlich am belebten **Alexianerplatz**. Kurz darauf biegen wir ein in die **Nordkanalallee**, der wir bis zur Ecke **Selikumer Straße** folgen. Hier treffen wir auf das **Epanchoir**, dort, wo sich die Obererft, über die seit dem 15. Jahrhundert die Neusser Mühlen im Stadtgraben mit Wasser versorgt wurden, und der Kanal kreuzen. Das Epanchoir ist ein bereits 1809 fertiggestelltes Einspeisungs- und Entlastungsbauwerk, welches dazu dienen sollte, den Wasserstand des Kanals zu regulieren.

An diesem Punkt sehen wir zum ersten Mal den Kanal, dem wir nun folgen. Wir biegen über eine Brücke auf die rechte Seite des Kanals und befinden uns im mitten im Neusser Stadtgebiet gelegenen **Stadtgarten**. Wunderbar unter Bäumen fahren wir dahin, teilen den breit angelegten Rad- und Fußweg mit einer Menge Spaziergänger, Radfahrer und Jogger. Immer wieder blicken wir auf den Kanal, der von den Ästen alter Bäume überwuchert ist und über den immer wieder kleine Brücken führen. Der Stadtgarten geht in den **Stadtwald** über; auch hier dasselbe Bild: Ein breit angelegter Weg, mal auf der einen, mal auf der anderen Seite unseres Wasserweges, lässt uns vergessen, dass wir uns mitten in einer großen Stadt bewegen. Kurz hinter dem **„Jröne Meerke"** in der Neusser Nordstadt, einem See, der viele Erholungssuchende anzieht, endet der schöne Park und wir biegen auf den Radweg entlang der **Viersener Straße** und der **Neersener Straße** ein. Hier, kurz vor Kaarst haben wir einen abrupten

Weithin sichtbar: die Anlagen des Klärwerks Neuwerk

Landschaftswechsel. Die Tour wird zur Landstraßenpartie, die Natur tritt zurück und für ca. acht Kilometer begleitet uns rechts unseres Radweges kräftiger Verkehr. Sicher hätte man sich den Weg hier attraktiver gewünscht, aber wir befahren ja den historischen Lauf des Nordkanals und der war geplant als Handelsstraße. Kein Wunder also, dass er heute auch durch Industriegebiet führt.

Bei **Kaarst** erreichen wir bald die „**Brücken über den Nordkanal**", ein Kunstwerk des Kaarster Künstlers Wilhelm Schiefer. Auf fünf Stelzen, die hüben und drüben vom Kanal aufgestellt sind, sitzen hausähnliche Gebilde, die mit Leitern und Stegen verbunden sind. Links und rechts von uns liegt das große Naherholungsgebiet der Stadt Kaarst mit den **Kaarster Seen** als zentralem Punkt. Wir bemerken auf unserer Straße wenig davon, sehen nur, dass sich neben der Straße Waldgebiete mit fein angelegten Spazierwegen befinden. Zwischen **Schiefbahn** und **Büttgerwald** biegen wir endlich von der befahrenen Landstraße ab, queren den bis dahin oft ganz verödeten Kanal und befinden uns auf einer lang gezogenen, ruhigen Straße. Der Kanal ist jetzt wieder offen und von Bäumen bestanden. Die Räder laufen auf dem glatten Untergrund wie von selbst und es ist eine wahre Freude, ohne störenden Verkehrslärm hier entlangzufahren. Am Ende dieser Straße finden wir an einem alten, rostigen **Stauwehr** einen kleinen Rastplatz, an dem einige Schautafeln zum „Leben am und im Nordkanal" aufgestellt sind. Wir lesen Interessantes über die Flora und Fauna, schauen uns um und entdecken die eine oder andere Pflanze: das Johanniskraut, die Schwertlilie oder den roten Fingerhut. Wenn wir Glück haben, sehen wir den Graureiher im Wasser stehen oder können die Bisamratten bei ihrer Arbeit beobachten.

Hier, bei **Knickelsdorf** endet der Kanal und sein Verlauf ist an unserem Weg mit dem „blauen Band" gekennzeichnet. Ein Stück noch fahren wir durch den Wald an der **A 52** entlang, passieren einen links

Der Nordkanal im Neusser Stadtwald

auf Schautafeln ausführlich erklärt. Da steht unter anderem: „... Die Trasse des .... geplanten Nordkanals verläuft diagonal über das Gelände der Kläranlage Mönchengladbach-Neuwerk und über die Verwaltung." „... Da die Führung des Weges über die Verwaltung nicht möglich war, ist der Verlauf des geplanten Nordkanals durch Markierungsstangen gekennzeichnet." Vieles mehr steht da noch zu lesen über die Aufgabe und Funktionsweise des Werkes und man kann sich ein wenig Zeit nehmen, dies zu studieren, zumal der Niersverband sich alle Mühe gegeben hat, den Aussichtspunkt touristenfreundlich zu gestalten.

Wir gelangen schließlich nach **Viersen**, der lebendigen Stadt, die mit einem vielfältigen Kultur- und Tourismusprogramm aufwartet. Wir haben endlich wieder Asphalt unter den Rädern und gelangen schnell zum Endpunkt der Tour, dem **Bahnhof Viersen**, der für einige der folgenden Touren wieder Beginn oder Ende unserer Ausflüge am Nordkanal sein wird.

gelegenen kleinen **See** und dann geht es über einen unbefestigten Feldweg an einer **Bahntrasse** entlang unter der **A 44** hindurch in Richtung **Cloerbruch**, wo wir auf die Niers stoßen, deren Verlauf wir nun etwa 500 Meter folgen. Mitten auf diesem Streckenabschnitt finden wir am Kreuzungspunkt der **Niers** mit der geplanten Nordkanaltrasse eine befremdlich anmutende technische Konstruktion: die **„Erlebnisbrücke"**, welche der Aachener Architekt Prof. Mirko Baum nach historischen Vorbildern von Schwebefähren baute. Diese Schwebefähren waren dazu gedacht, Menschen und Material alternativ zu aufwendig gebauten Hub- oder Klappbrücken über Flüsse zu transportieren. Man zieht sich einfach in einer Gondel mittels eines Seilzugsystems über den Fluss. Das kann hier vergnüglich ausprobiert werden.

Wir nähern uns langsam dem Ziel unserer Tour, passieren jedoch noch einen interessanten Punkt: das **Klärwerk Neuwerk**. Auf einem Hügel neben unserem Weg steht eine rot-weiße Stele und macht uns neugierig. Wir klettern hinauf und haben einen weiten Überblick über die Anlagen des Klärwerkes. Natürlich wird uns der Sinn dieses Aussichtspunktes

Kanalbewohner: die Bisamratte

Streckenführung

R-/F = Rad- Fußweg; RW = Radweg

Start	Bahnhof Neuss-Süd	0
weiter	Körnerstr., 530 m folgen	0,53
rechts ab	Weingartstr., 220 m folgen	0,75
links ab	Schillerstr., 150 m folgen	0,90
links ab	An der Obererft, 380 m folgen	1,28
rechts ab	Nordkanalallee, 380 m folgen	1,66
	Alexianerplatz	**1,66**
links ab	Nordkanalallee, 50 m folgen	1,71
rechts ab	Augustinusstr., 150 m folgen	1,86
rechts ab	RW, 110 m folgen	1,97
rechts ab	Scheibendamm, 1,6 km folgen	3,57
	Sporthafen Neuss	**3,57**
	Start der Fietsallee am Nordkanal	**3,57**
zurück	Scheibendamm, 1,6 km folgen	5,17
links ab	RW, 110 m folgen	5,28
rechts ab	Augustinusstr., 150 m folgen	5,43
links ab	Nordkanalallee, 50 m folgen	5,48
	Alexianerplatz	**5,48**
rechts ab	Nordkanalallee, 430 m folgen	5,91
rechts ab	über Brücke, 40 m folgen, **Epanchoir**	5,95

links ab	R-/F Stadtgarten, 450 m folgen	6,40
	Neuss, Friedrich-Ebert-Platz	**6,40**
weiter	R-/F Kaiser-Friedrich-Str., 870 m folgen	7,27
	Kreuzung Schorlemerstr.	**7,27**
weiter	R-/F Viktoriastr., 550 m folgen	7,82
links ab	Reydter Str. über Brücke, 40 m folgen	7,86
rechts ab	R-/F Am Stadtwald, 1,8 km folgen	9,66
rechts ab	Auf der Heide über Brücke, 30 m folgen	9,69
links ab	R-/F, 500 m folgen	10,19
	Jröne Meerke (See)	**10,19**
weiter	R-/F, 290 m folgen	10,48
rechts ab	R-/F, 60 m folgen	10,54
links ab	R-/F, 130 m folgen	10,67
links ab	RW Viersener Str., 330 m folgen	11,00
weiter	RW Neersener Str., 550 m folgen	11,55
	Kaarst	**11,55**
weiter	RW Neersener Str., 3,2 km folgen	14,70
	Brückenkunstwerk	**14,70**
weiter	RW Neersener Str., 1,1 km folgen	15,80
	Kaarster See (rechts gelegen)	**15,80**

weiter	RW Neersener Str., 1,1 km folgen		16,90
weiter	RW Viersener Str., 2,1 km folgen		19,00
	Schiefbahn		**19,00**
links ab	Linsellesstr. über Brücke, 30 m folgen		19,03
	Büttgerwald		**19,03**
rechts ab	Straße, 2,0 km folgen		21,03
	Stauwehr		**21,03**
	Flughafen MG (links gelegen)		**21,03**
	Trabrennbahn MG (links gelegen)		**21,03**
rechts ab	Straße über Brücke, 200 m folgen		21,23
links ab	Straße, 370 m folgen		21,60
rechts ab	Straße, 370 m folgen		21,97
links ab	Weg an der A 52, 710 m folgen		22,68
links ab	Weg an Bahngleis, 550 m folgen		23,23
	Mönchengladbach		**23,23**
rechts ab	Hauptstr., 60 m folgen		23,29
links ab	Cloerbruchallee, 550 m folgen		23,84
	Neue Niers (Fluss)		**23,84**
rechts ab	Niersdamm, 260 m folgen		24,10
	handbetriebene Überfahrtsgondel		**24,10**
weiter	Niersdamm, 220 m folgen		24,32
links ab	Weg, 670 m folgen		24,99
rechts ab	Weg, 470 m folgen		25,46
rechts ab	Weg, 50 m folgen		25,51
rechts ab	Donker Str., 50 m folgen		25,56
	Donk, Haus Jägersruh		**25,56**
links ab	Niersdonker Str., 210 m folgen		25,77
links ab	Weg, 440 m folgen		26,21
	Klärwerk Neuwerk		**26,21**
weiter	Weg, 150 m folgen		26,36
links ab	Weg, 130 m folgen		26,49
rechts ab	Donker Str., 70 m folgen		26,56
links ab	Bettrather Dyck, 80 m folgen		26,64
rechts ab	Weg, 2,6 km folgen		29,24
	Viersen		**29,24**
weiter	Dammweg, 530 m folgen		29,77
links ab	Eichenstr., 340 m folgen		30,11
rechts ab	Gerhart-Hauptmann-Str., 540 m folgen		30,65
rechts ab	Bahnhofsvorplatz, 40 m folgen		30,96
Ziel	**Bahnhof Viersen**		**30,96**

Kanaltour 1

Streckencharakter

Schwierigkeit: leicht
Diese Tour hat keine Steigungen, sie wird immer über sichere Radwege geführt und ist familiengeeignet, aber nur eingeschränkt rennradtauglich.

Streckenprofil

Tourlänge	30,96 Km
Min. Höhe:	ca. 32 m
Max. Höhe:	ca. 42 m
Ges. Aufstieg :	ca. 96 m
Ges. Abstieg :	ca. 98 m
Fahrzeit:	ca. 130 Min.

Ausflugstipp am Wegesrand

Das Schloss Neersen

Willich-Neersen, Hauptstr. 6, Tel.: 02154 949132
Die ehemalige Wasserburg wurde Mitte des 17. Jahrhunderts erbaut und ist heute Verwaltungssitz der Stadt Willich. Der für die Landesgartenschau 2002 neu gestaltete Schlosspark ist ein schönes Ziel für die ganze Familie. Es gibt gut angelegte Spazierwege, ein Café in der Orangerie und verschiedene Spielplätze. Im „Erfahrungsfeld der Sinne" lernen Kinder spielerisch natürliche Zusammenhänge zu begreifen – mit Elementen zum Anfassen. In einem drei Meter hohen Heckenlabyrinth kann man prima Verstecken spielen. Auf der Freilichtbühne finden im Sommer regelmäßig die beliebten Schlossfestspiele statt.
Öffnungszeiten Schlosspark: ganztägig
Besichtigungen: nur zu bestimmten Terminen im Rahmen einer Führung
Info Festspiele: www.festspiele-neersen.de

Wegbeschreibung:
Fahren Sie ab dem **Kilometer 23,23** der Fahrtabelle geradeaus weiter die **Hauptstraße** entlang und folgen ihr für **1,5 Kilometer**. Rechter Hand befindet sich das Schloss Neersen.

Serviceteil Kanaltour 1

Tipp Essen und Trinken
Willich-Büttgerwald
Artemis der Grieche, Büttgerwald 20, Tel.: 02154 5339
Nachdem wir acht Kilometern an der belebten Bundesstraße hinter uns gebracht hatten, nahmen wir bei Artemis einen leckeren Imbiss von griechischen Vorspeisen ein.

Sehenswürdigkeiten
Büttgen
Braunsmühle, An der Braunsmühle 2, Tel.: 02131 514688
1756 nach holländischem Vorbild errichtete, voll funktionsfähige und restaurierte Windmühle mit Museum und Café.
Öffnungszeiten: So. 14.00-18.00 Uhr, Sonderführungen nach Anmeldung

Historischer Ortskern
Büttgen wird 793 n. Chr. erstmals schriftlich erwähnt. Die romanische **Pfarrkirche St. Aldegundis** beherrscht das Ortsbild. Am **Rathausplatz** mit Brunnenlandschaft laden zahlreiche Gastronomien zum Verweilen ein und in der **Städtischen Galerie Kaarst im Rathaus** können Wechselausstellungen mit zeitgenössischer Kunst besucht werden.

Kaarst
Freizeitzentrum Kaarster See (s. Wegbeschreibung)
Der einstige Baggersee ist heute ein beliebter Badesee mit weißem Sandstrand, Liegewiese und Snackbar.
Öffnungszeiten: Mo.- So. 10.00-21.00 Uhr, Einlass bis 19.00 Uhr
Eintritt: 3,00 €, ermäßigt 1,50 €, Kinder bis 5 Jahre frei

Kunstwerk: die Brücken über den Nordkanal in Kaarst

Neue Mitte
1975 entstand die heutige Stadt Kaarst durch die Zusammenlegung der alten Gemeinden Büttgen und Kaarst. Seit 1995 existiert hier eine neue Stadtmitte, die mit vielfältigem Angebot lockt. Auch sind verschiedene historische Bauten erhalten. Im Forum und in der Galerie des Rathauses finden wechselnde Ausstellungen statt.

Tuppenhof, Rottes 23, Tel.: 02131 51 14 27, www.tuppenhof.de
Museum und Begegnungsstätte für bäuerliche Geschichte und Kultur
Öffnungszeiten Museum: Ende Apr. bis Ende Okt. Sa. 14.00-18.00 Uhr, So. 11.00-18.00 Uhr

Korschenbroich

Schloss Myllendonk, Myllendonker Str.113
Wasserburg aus dem Mittelalter, erstellt aus gotischen und barocken Gebäudeteilen. Ehemals Sitz der Herren von Myllendonk. Heute ist das Schloss von einem Golfplatz umgeben und nur von außen zu besichtigen.

Mönchengladbach

Kleingarten Neue Niers, Neersbroicher Str., Tel.: 02161 665452
Heißer Tipp für Gartenfans. In verschiedenen Themen- und Schaugärten kann man sich inspirieren lassen und nachher im Biergarten entspannen.
Öffnungszeiten: ganzjährig

Trabrennbahn, Am Flughafen 5, Tel.: 02161 663083
www.rheinischer-rennverein.de
Älteste Trabrennbahn Deutschlands. 1893 wurde hier der „Verein zur Förderung der Traberzucht des Niers-Nordkanal-Bezirks" gegründet. Rennen: Di. 18.30 Uhr

Neuss (s. auch Rundtour 1)

Epanchoir (s. Wegbeschreibung)

Rheinpark, Neuss-Gnadental (s. Wegbeschreibung)
Im Rheinpark startet die Fietsallee. Der Park ist eine typische Rhein-Auen-Landschaft, durchzogen von Gräben- und Tümpelsystemen. In den Feuchtbiotopzonen hat die heimische Tier- und Pflanzenwelt ihren Lebensraum.

Quirinus-Münster, Münsterplatz
Wahrzeichen der Stadt. Spätromanische, dreischiffige Emporenbasilika aus dem Jahr 1209. Orgelstunde zur Marktzeit, Sa. 11.30 Uhr.

Viersen

Anatols Steinkreis
Im Viersener Entwicklungsgebiet „Stadtwald-Bahnhof" hat der Künstler Anatol Herzfeld einen weiten Steinkreis aus großen Findlingen gesetzt.

Skulpturensammlung
Im Park rund um die Städtische Galerie ist eine interessante Skulpturensammlung mit derzeit zehn Plastiken zeitgenössischer Künstler zu sehen.

Labyrinth, Aachener Weg (am Hohen Busch)
Im Waldgebiet Hoher Busch, auf dem geografischen Mittelpunkt Viersens gelegen, wurde ein begehbares Steinlabyrinth angelegt, das den Lebensweg des Menschen symbolisiert.

Willich-Neersen

Wallfahrtskapelle Klein-Jerusalem, Tel.: 02156 5205
Einzigartiges Bauwerk am Niederrhein, 1654-61 erbaut. Sehenswert: unter anderem die Grabkapelle und eine Kreuzigungsgruppe aus verschiedenen Epochen.

Radservice

Kaarst

Egert, Martinusstr. 4, Tel.: 02131 666119

Radland Kirchhartz, Bahnstr. 22, **Büttgen**, Tel.: 02131 51581

Radsport Schumacher, Rottes 32, **Vorst**, Tel.: 0 21 31 51588

Radsport Ridders, Kaarster Str. 51, Tel.: 02131 2049408

Neuss

Radstation am Hauptbahnhof, Further Str. 2, Tel.: 02131 6619890
Fahrradverleih: Tagespreis 6,- Euro
Öffnungszeiten: Mo. - Fr. 6.00 - 22.30 Uhr, Sa. 8.00 - 22.00 Uhr, So. 9.00 - 22.00 Uhr

Willich

Chainreaction-Cycles, Hochstraße 84, **Schiefbahn**, Tel.: 02154 953274

Fahrrad Hausmann, Hochstr. 22, **Schiefbahn**, Tel.: 02154 483398

Mönchengladbach

Georgs Fahrradladen, Süchtelner Str. 30, Tel.: 02161 6314 11

Fahrräder Lyers, Klumpenstr. 1, Tel.: 02161 661433

Cycles 4u, Krefelder Str. 548, Tel.: 02161 307060

Kanaltour 2
Viersen bis Venlo

Sumpfgebiet in der Nähe des Poelvennsees

Landpartie durch Felder und Sümpfe

Hatten wir es bei unserer ersten Nordkanaltour noch vielfach mit belebten Landstraßen und Industriegebieten zu tun, fällt dies auf dem zweiten Abschnitt der Fietsallee am Nordkanal fast ganz weg. Kaum einmal werden wir die Orte am Weg durchfahren, wir berühren sie oft nur am Rande. Meistens radeln wir durch das satte Grün des Bauernlandes oder durch die dichten Wälder im Krickenbecker Seengebiet, um schließlich in der niederländischen Metropole Venlo zu landen.

Unser Startpunkt ist der **Bahnhof Viersen**. Schnell finden wir nach einem knappen Kilometer in **Hülsdonk** unseren Fietspad, der uns wieder mit einer großen rot-weißen Stele angezeigt wird. Es geht am uns nun schon wohlbekannten „blauen Band" entlang über den gut ausgebauten Radweg und über sichere, kleine Straßen an den Viersener Vororten **Oberrahser** und **Unterrahser** vorbei durch bebautes Gebiet, das sich abwechselt mit Industriegebiet und ganz ländlichen Passagen. So manch schöner Vorgarten ist hier zu bewundern und es kann auch vorkommen, dass uns ein Traktor den Weg versperrt. Verläuft die Straße geradeaus wie in **Sittard**, stehen die rot-weißen Stelen in weiten Abständen so am Wegesrand, dass wir gar nicht mehr auf den Boden schauen müssen – wir fahren wie auf einer Einflugschneise übers Land. Schließlich gelangen wir nach **Süchteln**. Hier finden wir am Weg eine interessante Schautafel über den Nordkanal: Genau eine Schiffstagesreise von der Maas und eine vom Rhein entfernt, eignete sich Süchteln ausgezeichnet als Standort eines „Mittelhafens" am Kanal. Das Hafenbecken diente als Anlege- und Umschlagplatz und zum Wenden der Schiffe. Wie wir wissen, wurden die Bauarbeiten am Kanal nicht fortgeführt, aber die Aus-

Spaß an der Renne

hübe dienten dann als Trassen zum Bau der Eisenbahn. Das ist nicht das einzig Interessante an diesem Ort. Süchteln ist eine alte Weberstadt, diese Industrie florierte hier vom Ende des 19. Jahrhunderts bis in die 50er Jahre des 20. Jahrhunderts hinein. Hier wird die heilige Irmgard von Süchteln verehrt; dies besonders während der Irmgardisoktav, die jährlich auf dem Heiligenberg, einem Teil der Süchtelner Höhen, stattfindet.

Wir verlassen Viersen über den Ortsteil **Vorst** und es wird richtig ländlich. Die typische Niederrheinlandschaft umfängt uns und lässt uns über weite Ackerflächen auf vereinzelt stehende Haine, Windmühlen und stolze große Höfe blicken. So geht unsere Landpartie bis nach **Grefrath** hinein. Am Ortsausgang finden wir einen Wegweiser zum **Niederrheinischen Freilichtmuseum Dorenburg** und wir entscheiden uns, den Fietspad für eine Weile allein zu lassen, um uns dort umzuschauen. Das ist gar keine so schlechte Idee, denn wir finden eine wahre Perle der Museumslandschaft. Weiß und groß steht die Dorenburg umgeben von einem Wassergraben mitten in einem großen Park, in dem originale Bauernhofanlagen aus dem Niederrheinischen liebevoll wieder aufgebaut und zu besichtigen sind. Alles, was mit der bäuerlichen und handwerklichen Kultur des Niederrheins zu tun hat ist hier an Originalschauplätzen zu sehen. Von der Lohgerberei aus Moers über ein Feuerwehr- und Spritzenhaus aus Sankt Hubert, einer Schmiede bis hin zu einer Kornbrennerei ist hier alles in sehr lebendigem Rahmen zusammengetragen und begeh- und betastbar gemacht worden. Sogar ein stolzer Hahn thront auf seinem Misthaufen. Ein ganz heißer Tipp für die Kinder ist natürlich das Spielzeugmuseum. In der Posthalterei aus Willich-Schiefbahn ist als Museums-Restaurant ein Pannekookehuus eingerichtet. Das erinnert uns daran, dass wir ja noch ein weit entferntes Ziel in den Niederlanden vor uns haben und wir nehmen Abschied.

Zurück auf unserem Weg, befinden wir uns wieder in der mittlerweile so vertrauten weitläufigen Landschaft. Wir fahren über diesen wunderschönen Flickenteppich aus Feldern, kleinen Waldstücken, farbenfrohen Bauerngärten und schönen Höfen, sehen die Menschen auf den Feldern arbeiten und erfahren hier, von wo wir zu Hause unsere Kartoffeln auf den Teller bekommen. Immer wieder sehen wir die rot-weißen Stelen, die den Verlauf des Kanals markieren und tatsächlich entdecken wir das eine oder andere Mal sein Bett. Nun nähern wir uns dem nächsten landschaftlichen Höhepunkt unserer Fahrt: dem Sumpf- und Waldgebiet rund um die **Krickenbecker Seen**. Wir werfen einen letzten Blick auf die offene Landschaft und tauchen hinein in ein ursprüngliches Waldgebiet. Alte, hohe Laubbäume umstehen uns, der Weg ist hier teilweise nicht asphaltiert und je tiefer wir in den Wald hineinfahren, umso sumpfiger wird es links und rechts unserer Spur. Knorrige Baumwurzeln und -stümpfe; Gräser und Sumpfpflanzen stehen im flachen Wasser und bieten uns den verwunschenen Anblick eines Urwaldes. Gut 1,5 Kilometer nachdem wir in den Wald gefahren sind, bekommen wir wieder Asphalt unter die Räder und treffen auf eine **Radwegekreuzung**. Die Wegweiser zeigen in die Richtungen der attraktiven Punkte dieses Gebietes: Hier geht es zum Beispiel von unserem Weg aus nach links zu den Krickenbecker Seen und dem Infozentrum, dem De Witt-See und zum Textilmuseum „Die Scheune". Wir halten uns aber in Richtung Straelen-Herongen und heben uns den Besuch der Seen für eine andere Tour auf. Ein wenig weiter entdecken wir etwas abseits des Weges die **Flootsmühle**. Heute fehlt das Mühlenrad, das Müllerhaus und die Steinbrücke, an der das Wasser gestaut wurde, gibt es jedoch noch. Sie ist eine von vier Wassermühlen am Unterlauf der Nette und war schon immer – und das ist heute noch so – eine Rast- und Andachtsstätte für Pilger, auf ihrer Reise nach Kevelaer. Gleich darauf überqueren wir – der Wald lichtet sich und gibt Raum frei für eine kleine Ackerfläche – die beiden Flüsse **Renne** und **Nette**, die die Seen speisen. Wir passieren den Ort **Herschel**, links von uns liegt der **Poelvennsee**; Schiffe, die in Neuss in Napoleons unvollendetes Bauwerk eingefahren wären, hätten hier mehr als 40 Kilometer hinter sich gebracht. Auf dem weiteren Weg nach Venlo zur Maas hätten sie wegen der fallenden Geländehöhe noch siebenmal geschleust werden müssen.

In **Louisenburg** fahren wir aus dem Wald hinaus, überqueren die **B 221** und finden dort die **Schleuse Louisenburg**. Es ist die erste Abstiegsschleuse zur Maas und sie erhielt den Namen von Napoleons zweiter Ehefrau, Marie-Louise. Jetzt verläuft unser Weg wieder durch die offene Landschaft auf Herongen zu und dort am **Schlousweg** treffen wir auf ein altes **Schleusenwärterhaus**, das heute ein Wohnhaus

Die Dorenburg

Offenes Bauernland kurz vor den Krickenbecker Seen

ist – die Schleusenanlage wurde zum Fischteich umfunktioniert und am Ende des Schlousweges befindet sich ein **blumengefülltes Kanalprofil**. Wenn die Blütezeit da ist, symbolisieren blau blühende Blumen das Wasser des Kanals auf der gelb blühenden Böschung der Trasse.

Wir passieren **Brüxken** und stoßen in **Damerbruch** auf die stark befahrene B 58. Nach knapp 700 Metern ist der **Grenzpfosten** erreicht und wir sind in den **Niederlanden**. Auf den nächsten ca. 800 Metern ist höchste Vorsicht geboten, denn die Straße hat keinen Fahrradseitenstreifen, gerade wer mit Kindern unterwegs ist, sollte hier auf größte Disziplin achten. Gott sei Dank ist das schnell überstanden und wir fahren durch die Vororte hinein in die große Stadt an der Maas, **Venlo**. Wir radeln quer durch die bevölkerte Innenstadt, genießen die holländische Gepflogenheit, Radfahrern – die hier so zahlreich sind, wie nirgends in Deutschland – besondere Rücksicht angedeihen zu lassen und finden problemlos zu unserem Zielpunkt, dem **Bahnhof Venlo**.

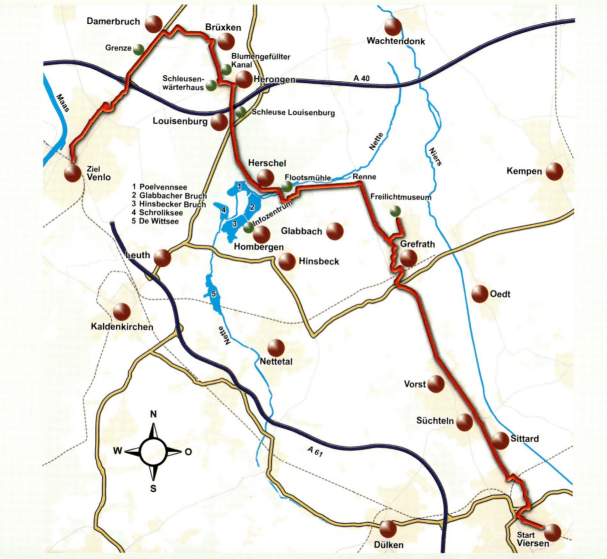

Streckenführung

	Start	**Bahnhof Viersen**	**0**
	rechts ab	Bahnhofsplatz, 230 m folgen	0,23
	rechts ab	Eichelnbusch, 70 m folgen	0,30
	links ab	Bahnhofstr., 230 m folgen	0,53
	rechts ab	Krefelder Str., 460 m folgen	0,99
	rechts ab	Kreisverkehr, 80 m folgen	1,07
		Hülsdonk	**1,07**
		Fietsallee am Nordkanal	**1,07**
	rechts ab	Kanalstr., 590 m folgen	1,66
	weiter	Sittarder Str., 690 m folgen	2,35
	links ab	Rahserstr., 230 m folgen	2,58
	rechts ab	Weg, 190 m folgen	2,77
	halb links	Am Alten Nordkanal, 170 m folgen	2,94
	links ab	Oberrahserstr., 30 m folgen	2,97
	rechts ab	Am Schluff, 250 m folgen	3,22
	weiter	An der Bahn, 1,0 km folgen	4,22
	weiter	Weg, 880 m folgen	5,10
		Süchteln	**5,10**
	rechts ab	Tönisvorster Str., 30 m folgen	5,13
	links ab	Weg, 200 m folgen	5,33
	links ab	Weg, 250 m folgen	5,58
		Vorst	**5,58**
	weiter	Andreasstr., 1,3 km folgen	6,88
	weiter	Straße, 800 m folgen	7,68
	rechts ab	Grefrather Str., 2,1 km folgen	9,78
	halb rechts	Weg, 410 m folgen	10,19
	links ab	Floethütte, 180 m folgen	10,37
	links ab	L 39, 410 m folgen	10,78
	links ab	B 509, 190 m folgen	10,97
		Grefrath	**10,97**
	rechts ab	Straße, 80 m folgen	11,05
	rechts ab	Weg, 150 m folgen	11,20
	weiter	Lobbericher Str., 360 m folgen	11,56
	links ab	Lobbericher Str., 210 m folgen	11,77
	links ab	Stegweg, 150 m folgen	11,92
	weiter	Frevenstr., im Bogen 490 m folgen	12,41
	weiter	Im Mayfeld, 170 m folgen	12,58
	rechts ab	Brunsgarten, 120 m folgen	12,70
	links ab	Lindenstr., 240 m folgen	12,94
	rechts ab	Nordstr., 100 m folgen	13,04

Kanaltour 2

links ab	Wankumer Landstr., 320 m folgen		13,36
rechts ab	Feldstr., 260 m folgen		13,62
halb rechts	Florastr., 270 m folgen		13,89
links ab	An Der Dorenburg, 560 m folgen		14,45
	Niederrheinisches Freilichtmuseum		**14,45**
zurück	An der Dorenburg, 560 m folgen		15,01
rechts ab	Florastr., 270 m folgen		15,28
halb links	Feldstr., 260 m folgen		15,54
rechts ab	Wankumer Str., 160 m folgen		15,70
rechts ab	An Der Plüschweberei, 530 m folgen		16,23
weiter	Straße, 100 m folgen		16,33
links ab	Straße, 30 m folgen		16,36
rechts ab	Weg, 1,5 km folgen		17,86
links ab	Nettekanalweg / Weg 2,3 km folgen		20,16
links ab	Weg, 220 m folgen		20,38
rechts ab	Weg, 330 m folgen		20,71
links ab	Weg, 200 m folgen		20,91
rechts ab	Weg, 260 m folgen		21,17
	Flootsmühle (rechts gelegen)		**21,17**
rechts ab	Heide, 300 m folgen		21,47
	Renne (Fluss)		**21,47**
weiter	Heide, 90 m folgen		21,56
	Nette (Fluss)		**21,56**
weiter	Heide, 20 m folgen		21,58
links ab	Herscheler Weg, 590 m folgen		22,17
	Glabbacher Bruch / Poelvennsee (l.)		**22,17**
rechts ab	Herscheler Weg, 2,5 km folgen		24,67
	Louisenburg		**24,67**
	Schleuse Louisenburg		**24,67**
weiter	Leuther Str., 720 m folgen		25,39
links ab	Carl-Kühne-Str., 200 m folgen		25,59
rechts ab	Schlousweg, 800 m folgen		26,39
	Herongen		**26,39**
links ab	Schlousweg, 140 m folgen		26,53
rechts ab	Niederdorfer Str., 140 m folgen		26,67
links ab	Nölkeweg, 100 m folgen		26,77
rechts ab	Weg, 70 m folgen		26,84
links ab	Weg, 1,2 km folgen		28,04
rechts ab	Maasstr., 250 m folgen		28,29
	Brüxken		**28,29**
links ab	Weg, 1,4 km folgen		29,69
links ab	Weg, 430 m folgen		30,12

↱	rechts ab	Weg, 280 m folgen	30,40
🟢		**Dammerbruch**	**30,40**
↰	links ab	B 58, 680 m folgen	31,08
🟢		**Niederländische Grenze**	**31,08**
↓	weiter	Weseleweg, 1,9 km folgen	32,98
🟢		**Venlo**	**32,98**
↱	rechts ab	Arenborgweg, 40 m folgen	33,02
↰	links ab	Oude Turfstraat, 1,3 km folgen	34,32
↰	links ab	Straelseweg, 800 m folgen	35,12
↓	weiter	Kreisverkehr, 50 m folgen	35,17
↱	rechts ab	Straelseweg, 60 m folgen	35,23
↓	weiter	Kreisverkehr, 50 m folgen	35,28
↱	rechts ab	Straelseweg, 610 m folgen	35,89
↓	weiter	Sint Martinusstr., 310 m folgen	36,20
↓	weiter	Grote Kerkstr., 120 m folgen	36,32
↰	links ab	Parade, 290 m folgen	36,61
↓	weiter	Keulsepoort, 130 m folgen	36,74
🟢		**Limburgs Museum**	**36,74**
↓	weiter	Keulsepoort, 40 m folgen	36,78
↓	weiter	Fußgängerüberweg, 70 m folgen	36,85
🟠	**Ziel**	**Bahnhof Venlo**	**36,85**

Streckencharakter

Schwierigkeit: leicht.
Glatt und eben führt die Tour über Radwege und radweggeführte Landstraßen. Ab der niederländischen Grenze fehlt für ca. 800 Meter der Radweg; hier muss man höchste Vorsicht walten lassen.
Die Strecke eignet sich gut für Familien mit Kindern.
Rennradfahrer haben hier wenig Freude.

Streckenprofil

Tourlänge	36,85 km
Min. Höhe:	ca. 16 m
Max. Höhe:	ca. 48 m
Ges. Aufstieg:	ca. 123 m
Ges. Abstieg:	ca. 135 m
Fahrzeit:	ca. 210 Min.

Zuverlässige Begleiter: die rot-weißen Stelen der Fietsallee

Straßenzug in der Venloer Altstadt

Kanaltour 2

Serviceteil Kanaltour 2

Tipp Essen und Trinken
Nettetal, Poelvennsee

Strandhotel Poelvennsee, Poelvenn 10, Tel.: 02157 6999

Spielplätze, Strandbad, Hotel, Terrasse

Auf unserem Weg auf der Fietsallee fanden wir das Hinweisschild zum Restaurant und machten einen 400 Meter weiten Schlenker zum See. Auf der Terrasse des Restaurants hatten wir einen wunderbaren Ausblick über den See und genossen, bereits in Vorfreude auf den niederländischen Teil der Tour, eine leckere „Frikandel spezial".

Sehenswürdigkeiten

Grefrath

Freilichtmuseum Dorenburg, An der Dorenburg 28, Tel.: 02158 91730 316
www.freilichtmuseum-dorenburg.de
Beschreibung s. Text
Öffnungszeiten: Apr.-Okt. 10.00-18.00 Uhr, Mär. und Nov. 10.00-16.00 Uhr
Eintrittspreise: Erw. 2,50 €, ermäßigt ab 1,00 €

Grefrath-Oedt

Burg Uda, , Mühlengasse, Tel.: 02158 918123, E-Mail: rathaus@grefrath.de
www.burguda.de
Eine um 1314 erbaute Grenzburg. Von der ursprünglichen Burganlage ist heute noch ein Rundturm, die Fundamente sowie Reste vom Mauerwerk erhalten. Die nahe der Niers gelegene Burganlage dient als Veranstaltungsort.

Nettetal-Hinsbeck

Geer auf der Hinsbecker Heide
Ein Gerichtsplatz aus dem 13. Jahrhundert, der im Rahmen der EUROGA 2002 rekonstruiert wurde. Die gesamte Anlage teilt sich in vier historische Stätten, die durch einen 2,5 Kilometer langen Wanderweg verbunden sind: Gerichtsplatz, Galgenberg, Geestekoul (hier wurden die Gehängten verscharrt) und die Schöffenschlucht.

Dorfmuseum, Auf der Schomm 1, Tel.: 02153 5826 oder 02153 911771
E-Mail: dorfmuseum-hinsbeck@arcor.de, www.dorfmuseum-hinsbeck.de
Hier wird Heimatgeschichte präsentiert. Eine Waschküche, eine Schusterwerkstatt und ein komplett eingerichteter Tante-Emma-Laden erwarten den Besucher.
Öffnungszeiten: Jun.-Sep. an jedem ersten So. im Monat 14.00-18.00 Uhr

Krickenbecker Seen (s. Wegbeschreibung)

Kreuzkapelle und Stammenmühle, Bergstraße/Am Kreuzberg
Ehemals stand hier ein Hagelkreuz, das dem Kreuzberg im Osten von Hinsbeck ihren Namen gab, es wurde 1724 durch die Kreuzkapelle ersetzt. Direkt daneben steht die Stammenmühle mit Haubendach und großen Holzflügeln. – Toller Aussichtspunkt über die „Hinsbecker Schweiz".

Kunstweg Hinsbeck, zwischen Hinsbeck und den Krickenbecker Seen

Neun Künstler schufen eine Ausstellung in unterschiedlichen Formen und Materialien.

Naturspielplatz Hinsbecker Heide
Der großzügig angelegte Naturspielplatz besitzt Spiel- und Klettergeräte, ein Sandspielfeld für Ballspiele aller Art, ein Abenteuerspielgelände und weite Wiesenflächen.

Süchteln
Ortskern
Im Zentrum Süchtelns existieren noch viele romantische Gässchen, die in ihrer ursprünglichen Form erhalten sind.

Irmgardiskapelle auf dem Heiligenberg
Die Kapelle wurde 1664 zu Ehren der Süchtelner Schutzheiligen erbaut.

Venlo (s. auch Kapitel Kanaltour 3)
Altstadt
Die Venloer Innenstadt hat einen typisch mittelalterlichen Straßenverlauf. Am Venloer Markt, im Zentrum der Altstadt, liegt das aus dem 17. Jahrhundert stammende Rathaus. Nach Meinung der Venloer das schönstes Haus der Stadt. Sehenswert außerdem: Huize Schreurs, das Römerhuis und das Huis Ottenheym. Informationen erhalten Sie beim VVV Venlo: Nieuwstraat 40-42, Tel. 003177 3543800, E-Mail: venlo@vvvnoordlimburg.nl

Limburgs Museum, Keulsepoort 5, Tel.: 003177-3522112,
E-Mail: info@limburgsmuseum.nl, www.limburgsmuseum.nl
Das Museum erzählt die Geschichte von der prähistorischen Jagd bis in die heutige Zeit anhand von 12 Themen. Daneben auch wechselnde Ausstellungen.

Museum van Bommel van Dam, Deken van Oppensingel 6
Tel: 003177 351 34 57, E-Mail: info@vanbommelvandam.nl, www.vanbommelvandam.nl
In diesem Museum werden ständig neue Ausstellungen zu Malerei und Zeichenkunst, Bildhauerei und Fotografie präsentiert.

Naturgebiet „Groote Heide", im Osten Venlos
Abwechslungsreiches Wald- und Heidegebiet.
Gut ausgeschilderte Wanderrouten führen durch das Gebiet, das an die deutschen Naturgebiete Krickenbecker Seen und Venloerheide angrenzt.

Infocentrum Groote Heide, Hinsbeckerweg, Tel.: 003177 3519 539
Wechselnde Ausstellungen.
Öffnungszeiten: mittwochs- und sonntagsnachmittags

Viersen
Clörather Mühle, Tel.: 02156 40176
In der alten Mühle findet in den Sommermonaten eine Sommergalerie statt, bei der Werke von Künstlern aus der Region gezeigt werden.
Öffnungszeiten: Mi.-Fr. 15.00-19.00 Uhr, Sa.-So. 12.00-19.00 Uhr

Niersblänken
Im Bereich der Niersniederung wurden wasserführende Mulden, sogenannte Blänken, renaturiert, die als wertvolle wechselfeuchte Biotope Lebensraum für seltene Vogelarten bieten.

Radservice
Grefrath
Radsport Heidler, Mülhausener Str. 26, Tel.: 02158 2094
Kellermann OHG, Hochstr. 33, Tel.: **Oedt**, 02158 951950
Radprofi Bohnen, Lobbericher Str. 79, Tel.: 02158 917444

Nettetal
Zweirad Backes, An St. Sebastian 40, **Lobberich**, Tel.: 02153 405405
Klitsie Fahrräder, Rosental 35, **Lobberich**, Tel.: 02153 800434

Straelen
Zweiradcenter van de Stay, Ostwall 10, Tel.: 02834 91888
Zweiradtreff Zand, Venloer Str. 37, Tel.: 02834 944894

Venlo
Bahnhof Venlo, Stationsplein 1, Tel.: 003177 3526248
Profile Metropool de Fietsspecialist, Straelseweg 27c, Tel.: 003177 3549944
Tweewielers M. van Vegchel, Straelseweg 204, Tel.: 003177 3514584

Viersen
2 Rad Meikis, Freudenbergstr. 4, **Süchteln**, Tel.: 02162 8179966
Ammertmann 2 Rad, Freiheitsstr. 216, Tel.: 02162 21991
Zweirad Treff Sell, Gladbacher Str. 19, Viersen, Tel.: 02162 33800

Kanaltour 3
Venlo bis Weert

Kanalstück in Weert

Von der Maas zum schiffbaren Teil des Grand Canal

In den Niederlanden ändert sich das Bild der Markierungspunkte gegenüber den deutschen Abschnitten. Uns bleibt das blaue Band in Form von Stelen am Wegesrand oder von an Laternenmasten angebrachten blauen Schildern sowie Markierungen auf den Radwegweisern erhalten. Ein Haar findet man natürlich immer in der Suppe: Die in Deutschland zweisprachig betexteten Infotafeln zur Fietsallee sind hier teilweise nur in Holländisch abgefasst. Eine Besonderheit bietet uns allerdings das Wegpunktesystem. Die Fietstour, wie auch die folgenden Rundkurse in den Niederlanden werden über das hier übliche Radwege-Knotenpunktsystem geführt. Wer eine niederländische Radkarte benutzt, sieht gleich den Sinn: Man kann eine Tour auf Radwegen entlang der Knotenpunkte planen und wird dann während der Fahrt per Markierung sicher von Punkt zu Punkt geführt.

Wir starten unsere Fahrt am **Hauptbahnhof Venlo**. Hier ist richtig was los: Fußgänger und vor allem Radfahrer bewegen sich in Massen rund um den Bahnhofsvorplatz einerseits in die Altstadt der großen Maasmetropole hinein, andererseits über die Koniginnesingel, auf der sich die Autos stauen, aus der Stadt hinaus über eine der beiden großen Brücken nach Blerick, dem zweitgrößten Vorort Venlos, der geprägt ist durch Industrie. Wir tun es Letzteren gleich und fahren auf dem Radstreifen über die rechte der beiden Brücken, eine **Eisenbahnbrücke**, über die Maas. Wir befinden uns jetzt schon auf der Fietsallee, das blaue Band (wir bleiben trotz des Unterschiedes bei dieser Bezeichnung) begleitet uns durch den Industrievorort, der wenig Anziehendes hat. Allerdings ist es eine Freude, zu sehen, wie hier in den Niederlanden für Radfahrer gesorgt ist. Nirgends, auch nicht im dichtesten Industriegebiet ist auf eine

Das alte Rathaus in Venlo

Radwegeführung verzichtet worden und es ist eine Tatsache, dass in den Niederlanden Radfahrer immer den Vorrang vor dem Autoverkehr haben.

Und das ist auch richtig so, denn hier sind alle auf den Rädern und es ist zum Beispiel nichts Ungewöhnliches, wenn eine Dame im feinen Kleid oder ein Herr im guten Anzug, die Aktentasche im Fahrradkörbchen des schönen Hollandrades, in stolz aufgerichteter Haltung durch die Stadt fährt.

Wir erreichen am Ende von **Blerick** die **A 73**, überqueren diese und sind in **Boekend**. Wir durchfahren das kleine Örtchen und sind nun mitten in der von Wald und landwirtschaftlichen Flächen geprägten Natur. Knapp einen Kilometer nachdem wir Boekend verlassen haben, halten wir an einer **Informationstafel** für den Nordkanal. Hier erkennt man die Reste des Wasserbauwerkes an den Erdwällen und kann sich vorstellen, welche Mühen es den nur mit Schaufeln und Karren ausgerüsteten Arbeitern gekostet hat, den Kanal auszuheben. Rund 800 Meter weiter gelangen wir an eine **Brücke** über einen Kanal, wo eine große **rot-weiße Stele** aufgestellt ist. Folgt unser Blick dem geraden Verlauf des Wassers durch den Acker, sehen wir ca. einen Kilometer weiter kurz vor einem Wäldchen eine zweite Stele auf der Verwallung stehen. So erhalten wir eine Vorstellung, wie der Verlauf des napoleonischen Wasserbauwerks geplant war. Aber nicht nur dies ist hier sehenswert. Gerade vor uns steht ein aus rotem Backstein erbautes kleines Gehöft; umgeben von sauber geschnittenen Hecken liegt es da, mitten in der flachen Landschaft und vermittelt den verträumten Eindruck einer vollkommen intakten Welt.

Unsere Fahrt geht weiter am Waldrand entlang auf einem gut befahrbaren Weg und bald befinden wir uns bei einem weiteren Hof an einer **Weggabelung**. Hier steht eine Hinweistafel für den **Knotenpunkt 79**. Diese Tafeln an den Knotenpunkten sind eine Bemerkung wert: Auf einer groß eingezeichneten Karte sieht man seinen genauen Standort und die weiteren Knotenpunkte der Region, die durch die Radwege (versehen mit Kilometerangaben) miteinander verbunden sind. Darunter ist eine Gebrauchsanweisung für den Umgang mit diesem System abgedruckt (bilingual). Folgt man dieser, hat man eine perfekte Routenführung und kann sich einfach nicht verfahren – toll.

Wir fahren weiter mitten in einen kleinen Wald hinein, der kurz vor dem kleinen Ort **Rooth** endet. Auf einer Nebenstraße, dem **Venlo-**

Bauersleute auf dem Fiets

seweg erreichen wir bald darauf **Maasbree**, das wunderschön in die Natur eingebettet daliegt. An einem schönen Platz neben dem weißen **Gemeindehaus**, der mit hölzernen Sitzbänken und einem kleinen Springbrunnen ausgestattet ist, geht es weiter, eine hübsche Baumallee entlang aus dem Ort hinaus und wir erreichen wieder dieses wunderbare flache Bauernland. Übrigens kreuzen wir auf unserer Fahrt einige kleine Kanäle und links und rechts stehen immer wieder sehr hübsch anzusehende Gehöfte. Schließlich geht es am **Knotenpunkt 67** nach links immer an einen kleinen Wasserweg, dem baumumstandenen **Sevenumse Dijk** entlang, bis wir auf die **N 275** stoßen, der wir ein kurzes Stück folgen, um uns dann wieder auf einer kleinen Straße nach **Koningslust** zu begeben. Hier sind wir in einem besonderen Landschaftsabschnitt, dem **Vlakbroek**, einem ca. 50 Hektar großen Naturgebiet, das ungefähr fünf Meter tiefer als seine Umgebung liegt. Daher ist dies eine feuchte Niederung mit sehr sumpfigen Abschnitten. Man sollte einen kleinen Ausflug unternehmen, denn die Ruhe und Schönheit des Gebietes ist beeindruckend. Hier existieren seltene Pflanzen und Tierarten, allein 64 verschiedene Vogelarten können hier beobachtet werden. Langsam nähern wir uns einem weitern Highlight der Tour: dem Anfang des schiffbaren Teils des Nordkanals, **„Noordervaart"** genannt, in **Beringe**. Und natürlich liegt der im Industriegebiet an einem Kreisverkehr, der **„Rotonde Bonaparte"** genannt wird. Von hier ab geht es bis zu seinem Ende fast immer pfeilgerade am Kanal entlang. Zunächst einmal auf dem Radweg an der **N 275** 4,5 Kilometer bis zum **Knotenpunkt 10** in der Nähe von **Heibloem**. Hier, an einem weiteren Kreisverkehr wechselt die **N 275** auf die rechte Kanalseite; unser Weg führt uns aber auf der linken Seite – nun ungestört von Verkehr – entlang. Nicht immer ist die Strecke asphaltiert, die Beläge wechseln auf diesem Abschnitt von Schotter über Waldboden und wieder zu Asphalt, aber dies ist alles gut zu fahren – auch für vorsichtig betriebene Rennräder.

Zur Linken liegt an unserem Weg ein Waldgebiet mit vielen sumpfigen Abschnitten, die immer mal wieder unsere Aufmerksamkeit erfordern; Frösche huschen durch den Morast der Tümpel, in denen alte, abgestorbene Baumreste liegen. Wo die Frösche sind, ist der

Moorgebiet am Nordkanal

„Sluis 15" bei Nederweert

Graureiher nicht weit: Ruhig und geduldig steht er im Wasser und macht keine Bewegung, bis ein Fröschlein unvorsichtig wird – dann gehts ganz schnell. Mit seinem spitzen Schnabel sticht der Reiher zu – das Fröschlein hat noch nicht einmal mehr Zeit, sich zu wundern und ab gehts in die Luft zum Nest des Reihers, wo der Frosch dem Nachwuchs einverleibt wird.

Nach etwa drei Kilometern, **am Knotenpunkt 11**, umfahren wir ein am Kanal gelegenes Waldstück auf einer hübschen Baumallee. Links öffnet sich die Landschaft und wir sehen weitläufige Felder liegen. Gemächlich fahren ein Bauer, die Schaufel geschultert und seine Frau vor uns her und geben ein trauliches, ländliches Bild ab. Wir grüßen, radeln vorbei und sind kurz darauf wieder am Kanal. Bald haben wir **Eind** erreicht, von dem hübschen kleinen Vorort von Nederweert sehen wir nicht viel – ein Ausflug hinein lohnt sich. Über den Kanal spannt sich hier eine Ziehbrücke, die **Leveroijsebrug**, die ein so typisches Bauwerk für das Wasserland Holland ist. Schließlich erreichen wir das Ende der Noordervaart an einem ganz besonderen Punkt bei Nederweert: an einer **Kanalkreuzung**. Gerade vor uns sehen wir auf die **Zuid-Willemsvaart**, die hier von uns aus gesehen nach rechts abzweigt, rechts neben uns liegt die **Noordervaart**, links zweigt der **Kanal Wessem-Nederweert** ab. Das ist schon ein tolles Bild. Wir kreuzen bald den Kanal Wessem-Nederweert, stoßen auf die Zuid-Willemsvaart und überqueren diese über das **Schleusenwerk Sluis 15**. Eigentlich ist hier in **Nederweert** das Ende der Tour erreicht, aber mit öffentlichen Verkehrsmitteln kommen wir nicht nach Venlo zurück. Wir nehmen es sportlich und fahren noch etwa fünf Kilometer an der **Zuid-Willemsvaart** entlang bis nach **Weert**. Der hübsche Ort hat einen äußerst lebendigen Ortskern, der entlang der Fußgängerzone eine beachtliche Anzahl von Restaurants und Kneipen aufweist. Auf dem Markt kann man sich vor einer der Kneipen herrlich niederlassen und das geschäftige Leben der Weerter beobachten. Auch lohnt es sich, einen Ausflug zu den Sehenswürdigkeiten der Stadt wie zum Beispiel dem **Gemeindemuseum** zu unternehmen.

Durch die Fußgängerzone gelangen wir direkt zum **Bahnhof Weert**, von dem aus wir entweder mit dem **ICE** zurückkommen oder dazu die **Buslinie 61** benutzen.

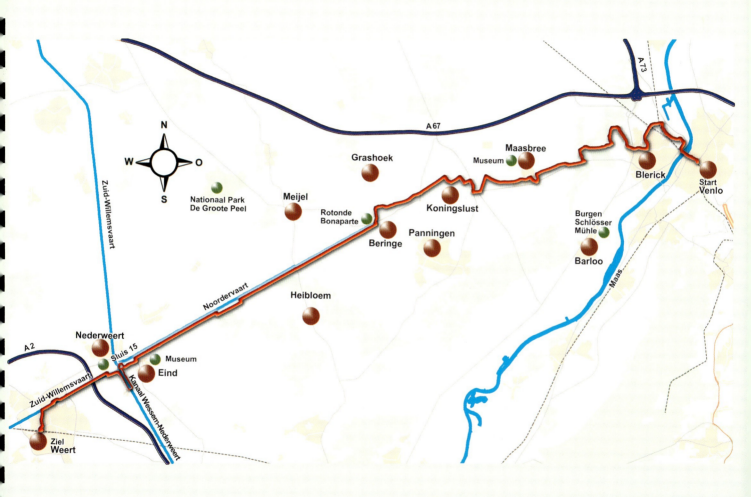

Streckenführung

RW = Radweg; (1) = Henriette Roland Holstlaan; (2) = Burgemeester Gommansstraat; (3) = Grote Achter Kockersweg

	Start	Bahnhof Venlo	0
	weiter	Stationsplein, 40 m folgen	0,04
	links ab	Kreisverkehr, 50 m folgen	0,09
	links ab	RW Koniginnensingel, 340 m folgen	0,43
	weiter	Kreisverkehr, 70 m folgen	0,5
		Knotenpunkt 10	**0,5**
	rechts ab	Weg an Bahndamm, 280 m folgen	0,78
		Eisenbahnbrücke über die Maas	**0,78**
	weiter	über Brücke, 150 m folgen	0,93
	weiter	RW, 180 m folgen	1,11
	rechts ab	RW, 20 m folgen	1,13
	rechts ab	Garnizoenweg, 360 m folgen	1,49
	links ab	Horsterweg, 270 m folgen	1,76
	links ab	Horsterweg, 1,3 km folgen	3,06
		Knotenpunkt 06	**3,06**
		Blerik	**3,06**
	links ab	RW Groot-Bollerweg, 760 m folgen	3,82
	weiter	RW H. Roland Holstl.(1), 410 m folgen	4,23
	weiter	Kreisverkehr, 40 m folgen	4,27
	rechts ab	RW H. Roland Holstl., 230 m folgen	4,50
	weiter	Kreisverkehr, 40 m folgen	4,54
	rechts ab	RW H. Roland Holstl., 60 m folgen	4,60
	weiter	Kreisverkehr, 20 m folgen	4,62
	rechts ab	RW B. Gommansstr. (2), 170 m folgen	4,79
	weiter	RW Mulkenshofweg, 510 m folgen	5,30
	halb rechts	über A 73, 60 m folgen	5,36
	links ab	Weg, 480 m folgen	5,84
		Boekend	**5,84**
	weiter	Heymansstr., 340 m folgen	6,18
	halb links	Heymansstr., 470 m folgen	6,65
	links ab	Geliskensdyjkweg, 120 m folgen	6,77
	links ab	Sitterskampweg, 760 m folgen	7,53
	weiter	Nellenweg, 350 m folgen	7,88
	rechts ab	Kockersweg, 470 m folgen	8,35
	weiter	Gr. A. Kockersweg. (3), 970 m folgen	9,32
	halb links	Weg, 300 m folgen	9,62
	links ab	Weg, 260 m folgen	9,88
		Knotenpunkt 79	**9,88**
		Rooth	**9,88**
	links ab	Straße, 380 m folgen	10,26

Kanaltour 3

	Knotenpunkt 73		**10,26**
rechts ab	RW Provincialeweg, 840 m folgen		11,10
rechts ab	RW Venloseweg, 1,7 km folgen		12,80
	Maasbree		**12,80**
links ab	Wilhelminalaan, 360 m folgen		13,16
	Knotenpunkt 61		**13,16**
weiter	Kreisverkehr, 40 m folgen		13,20
rechts ab	RW, 50 m folgen		13,25
weiter	Baarlosestr., 380 m folgen		13,63
links ab	Dorpstr., 500 m folgen		14,13
weiter	Westeringlaan, 1,9 km folgen		16,03
	Knotenpunkt 67		**16,03**
links ab	Sevenumsedijk, 790 m folgen		16,82
rechts ab	RW N 275, 380 m folgen		17,20
rechts ab	RW Maasbreeseweg, 40 m folgen		17,24
links ab	Straße, 250 m folgen		17,49
rechts ab	Straßenüberquerung, 50 m folgen		17,54
links ab	RW Middenpeelweg, 290 m folgen		17,83
links ab	Straße, 330 m folgen		18,16
rechts ab	De Koningstr., 350 m folgen		18,51
	Koningslust		**18,51**
links ab	Poorterweg, 960 m folgen		19,47
	Knotenpunkt 52		**19,47**
links ab	De Brentjes, 1,5 km folgen		20,97
weiter	Vliegertsdijk, 140 m folgen		21,11
links ab	Heide, 1,7 km folgen		22,81
rechts ab	Kaumeshoek, 400 m folgen		23,21
links ab	Hoogstr., 180 m folgen		23,39
	Knotenpunkt 12		**23,39**
weiter	Hoogstr., 750 m folgen		24,14
	Beringe		**24,14**
links ab	Meyelseweg, 80 m folgen		24,22
rechts ab	Rotonde Bonaparte, 30 m folgen		24,25
	Noordervaart		**24,25**
rechts ab	Weg am Kanal, 4,5 km folgen		28,75
	Witdonk		**28,75**
weiter	Kreisverkehr, 30 m folgen		28,78
	Knotenpunkt 10		**28,78**
weiter	Straße am Kanal, 3,1 km folgen		31,88
	Knotenpunkt 11		**31,88**
links ab	Stokershorst, 140 m folgen		32,02
rechts ab	Aan ´t Kruis, 1,3 km folgen		33,32

rechts ab	Gebleektendijk,130 m folgen		33,45
links ab	Weg am Kanal, 3,2 km folgen		36,65
rechts ab	Niesakkerweg, 30 m folgen		36,68
	Knotenpunkt 04		**36,65**
	Eind		**36,65**
links ab	Weg am Kanal, 1,3 km folgen		37,98
links ab	Straße, 160 m folgen		38,14
rechts ab	Straße, 660 m folgen		38,80
rechts ab	Straße, 130 m folgen		38,93
rechts ab	Straße, 140 m folgen		39,07
	Knotenpunkt 02		**39,07**
	Ende der Noordervaart		**39,07**
	Zuid Willemsvaart (Kanal)		**39,07**
weiter	Straße entlang Kanal, 310 m folgen		39,38
	Kanaal Wessem-Nederweert		**39,38**
weiter	Straße entlang Kanal, 1,0 km folgen		40,38
	Knotenpunkt 03		**40,38**
rechts ab	über Brücke, 100 m folgen		40,48
rechts ab	Wessemerdijk, 1,0 km folgen		41,48
	Zuid-Willemsvaart		**41,48**

links ab	Wessemerdijk, 500 m folgen		41,98
rechts ab	über Brücke, 140 m folgen		42,12
	Nederweert / Sluis 15		**42,12**
	Knotenpunkt 72		**42,12**
links ab	RW a.d. Rijksweg Zuid, 830 m folgen		42,95
weiter	RW Helmondseweg, 1,9 km folgen		44,85
	Weert		**44,85**
rechts ab	Helmondseweg, 100 m folgen		44,95
links ab	Helmondseweg, 140 m folgen		45,09
weiter	RW, 200 m folgen		45,29
Links ab	Kroonwiel, 50 m folgen		45,34
links ab	RW, 80 m folgen		45,42
	Knotenpunkt 73		**45,42**
rechts ab	RW Noordkade, 730 m folgen		46,15
links ab	über Brücke, 30 m folgen		46,18
weiter	Eindhovenseweg, 20 m folgen		46,20
weiter	Wilhelminasingel, 730 m folgen		46,93
rechts ab	Driesveldlaan, 270 m folgen		47,20
links ab	Parallelweg, 160 m folgen		47,36
Ziel	**Bahnhof Weert**		**47,36**

Streckencharakter

Schwierigkeit: leicht
Immer am sogenannten „blauen Band" entlang, fahren Sie sicher auf Radwegen und kleinen ländlichen Straßen.
Die Strecke ist familiengeeignet und auch Rennradfahrer haben hier bis auf wenige Abschnitte ihren Spaß.

Streckenprofil

Tourlänge	47,36 km
Min. Höhe:	ca. 9,00 m
Max. Höhe:	ca 40 m
Ges. Aufstieg :	ca. 350 m
Ges. Abstieg :	ca. 330 m
Fahrzeit:	ca. 180 Min.

Das Venloer Wappen am alten Rathaus

An der Maas in Venlo

Serviceteil Kanaltour 3

Tipp Essen und Trinken
Venlo
Auf der Straße „Parade" im Zentrum Venlos, über die die Fietsallee führt, finden Sie viele Bars, Restaurants und Bierterrassen für jeden Geschmack und jeden Geldbeutel. Abends und vor allem an Wochenenden ist hier so richtig was los.

Sehenswürdigkeiten
Beringe
Marienkapelle Kaumeshoek
Die massive Kapelle aus dem Jahr 1930 liegt wunderschön verborgen unter Lindenbäumen und ist ein wahres Schmuckstück in der Beringer Landschaft. Die Kapelle ist Nachfolgerin einer alten, größeren Kapelle aus dem Jahr 1872, die Pilger aus der Ferne anzog. Der Versuch, einen Wallfahrtsort entstehen zu lassen, wurde durch den Bischof Paredis von Roermond vereitelt. Der Grund hierfür war, dass Panningen – ein Marien-Wallfahrtsort – Konkurrenz bekommen würde.

Rotonde Bonaparte
1948 wurde eine Verbindung zwischen dem Ende der vollendeten Noordervaart in Weert und Venlo angedacht.
50 Jahre später wurde ein Teil dieses Weg fertiggestellt, an dessen Anfang – zugleich dem Beginn der unfertigen Noordervaart in Beringe – ein Kreisverkehr mit dem Namen „Rotonde Bonaparte" in Erinnerung an Napoleon gebaut wurde.

Blerick
Fietspendelboot „Maashopper" – Ausflugsschiff auf der Maas
Tel.: 0031(0)6 22701180, E-Mail: info@maashopper.nl, www.maashopper.nl
Der Maashopper ist ein Katamaran, der speziell für den Personenschiffsverkehr auf der Maas gebaut wurde. An sieben Anlegestellen zwischen den Schleusen Baarlo und Afferden können Fahrgäste mit ihrem Fahrrad zu- und aussteigen.
Hinfahrt (Abfahrtszeiten - täglich außer montags und freitags von Mai bis Ende September): Baarlo – Blerick 10.00 Uhr, Blerick – Grubbenvorst 10.30 Uhr, Grubbenvorst – Arcen 11.05 Uhr, Arcen – Blitterswijck 11.40 Uhr, Blitterswijck – Well 12.25-12.40 Uhr, Well – Afferden 12.50-13.35 Uhr. **Rückfahrt** (Abfahrtszeiten - täglich außer montags und freitags von Mai bis Ende September): Afferden – Well 13.45 Uhr, Well – Blitterswijck 14.50 Uhr, Blitterswijck – Arcen 15.15 Uhr, Arcen – Grubbenvorst 16.05 Uhr, Grubbenvorst – Blerick 16.45 Uhr, Blerick – Baarlo 17.20 Uhr.

Boekend

Forellenteiche Maashof, Maashoflaan 1, www.maashof.com
Tipp für Angler

Maasbree

Museum de Brede, Onderste Horst 1a, Tel.: 0031(0)77 4654040
www.deflierenhof.nl.
Regionales Kriegsmuseum
Verschiedene traditionelle Gebrauchsgegenstände aus der Landwirtschaft, aber auch aus den Haushalten im „alten Maasbree" werden auf übersichtliche Weise präsentiert. Zu sehen ist eine komplette Sammlung von Kriegsmaterialien und -dokumentation, Dieselmotoren aus der Vorkriegszeit und eine umfangreiche Sammlung elektrischer Gegenstände aus den letzten 50 Jahren. Zum Museum gehört auch ein Naturlehrgarten mit einer großen Vielfalt von Blumen und Pflanzen. Durch den Garten verlaufen Spazierwege mit einer Gesamtlänge von drei Kilometern. Das Museum liegt neben dem Campingplatz „de Flierenhof".
Öffnungszeiten: So. 14.00-17.00 Uhr

Naturgebiet Dubbroek

Nederweert

St. Lambertuskerk Nederweert
1467 in niederländischer Gotik erbaut, mit barockem Hauptaltar und Chorgestühl

Schleuse (Sluis) 15, Wasserkraftzentrale, Industrielles Denkmal Roeven
Tel.: 0031(0)495 633410
Die Wasserkraftzentrale ist eine der ältesten Zentralen des Landes. Sie ist die einzige noch arbeitende Wasserkraftanlage in den Niederlanden. Sie wurde 1923 durch den Reichswasserstaat für den Betrieb der Schleuse 15 an der Noordervaart gebaut. Die Zentrale war bis 1958 im Dienst und geriet in Verfall. 1993 wurde sie restauriert und wieder in Betrieb gesetzt heute liefert sie „grünen Strom".

Nederweert-Eind

Limburger Freilichtmuseum Eynderhof, Milderspaat 1
Tel.: 0031(0)495 626 507, www.tref.nl/nederweert/eynderhoof
Ein Museum über das Leben und Arbeiten in und rund um De Peel (das Moor). Meist an Sonntagen werden hier alte Handwerke vorgeführt und so wird verdeutlicht, wie die Menschen hier früher lebten und arbeiteten. Neben verschiedenen Thementagen findet im August das „Festeynder" statt, ein großes Festival für altes Handwerk, Hobby und Kunst, mit Straßentheater, alten Gerichten und alten Kinderspielen. Drei größere Ausstellungen zeigen das Leben und Arbeiten auf dem Bauernhof sowie die prähistorische Geschichte in Eind und Umgebung.

Öffnungszeiten: Di., Mi., Fr., So. 13.00-17.00 Uhr
Eintrittspreise: Erw. 3,50 €, ermäßigter Preis 1,50 €

Panningen

Camping und Spielparadies Beringerzand, Patershof, Heide 5
Tel.: 0031(0)77-3072095, www.beringerzand.nl
Camping, Restaurant, Kinderspiel- und Badelandschaft
Die Geschichte dieses Platzes beginnt 1904 als die „Paters Lazaristen" ein Gebiet von 11 Hektar Land mit einem drauf befindlichen Bauernhof ankauften. Nach einigen baulichen Veränderungen erhielt der Hof den Namen „Emmaus" und wurde bis 1965 als Entspannungsort für Schüler und Novizen genutzt. 1979 bekam der Emmaushof dann den endgültigen Namen Patershof – der am Eingang des Campingplatzes steht.

Venlo (s. auch Kapitel Kanaltour 2)

Spielbank Holland Casino Venlo, Magalhaesweg 4, Tel.: 0031(0)77 7502600
www.hollandcasino.nl, Öffnungszeiten: tägl. von 12.00-3.00 Uhr

Kapel van Genooy, Genooyerweg 58
Bekannteste und meist besuchte Kapelle von Venlo.

St. Martinuskerk, Grote Kerkstraat 36

Marktplatz beim historischen Rathaus

Radservice

Helden
Welten Tweewielers, Van Hövellstraat 72/74, Tel.: 0031(0)77 3071529

Maasbree
Hubo, Dorpstraat 71, Tel.: 0031(0)77 4652674

Nederweert
Bike Totaal Jan Driessen Fietsen, Kerkstraat 74/B, Tel.: 0031(0)495 625195
Budget Bikes Vaessen, Kapelaniestraat 1b, Tel.: 0031(0)495 632366

Ospel
Donkers Fietsverhuur, Meijelsedijk 19, Tel.: 0031(0)495 641235

Venlo
NS-Station, Stationsplein, Tel.: 0031(0)77 3526248

Rundtour 1
Neuss - Zons - Neuss

Postkartenmotiv: Quirinus-Münster in Neuss

Ein Münster, Kunst, ein Kloster und eine Festung

Heute starten wir die erste Rundtour durch den Rhein-Kreis Neuss. Sie ist eine der längeren und mit rund 60 Kilometern schon eine echte Tagesroute.

Aber beginnen wir erst einmal in **Neuss**, einer der ältesten Städte Deutschlands, wo schon 16 v. Chr. an der Erftmündung ein römisches Lager errichtet wurde. Wir durchqueren die Stadt und befinden uns bald am berühmten **Quirinus-Münster**, der Kirche, die zu Ehren des heiligen Quirinus, dem Schutzpatron der Stadt errichtet wurde. Hier werden die Reliquien des 115 n. Chr. in Rom hingerichteten und zum christlichen Glauben konvertierten römischen Tribuns Quirinus in einem überaus wertvollen Schrein aufbewahrt. Es geht über den immer belebten **Markt** mit seinen einladenden Cafés weiter in Richtung **Obertor**, dem einzigen noch erhaltenen mittelalterlichen Stadttor, neben dem das **Clemens-Sels-Museum** mit einer Dauerausstellung über die Geschichte der Stadt und einer bedeutenden Sammlung alter und neuer Kunst beheimatet ist. Wir fahren aus dem Stadtkern heraus und sehen an der **Nordkanalallee** ein Hinweisschild mit allen hier durchführenden Radwegen z.B. der Niederrheinroute, dem Euro-

Der Mühlenturm in Zons

ga-Radweg und natürlich der Fietsallee am Nordkanal. Wir wenden uns in Richtung Gnadental, fahren auf dem sich lang hinziehenden **Berghäuschensweg** hinaus aus der Stadt und landen schließlich in **Gnadental** auf dem schön angelegten Radweg entlang der Erft. Wir folgen dem Flüsschen, fahren an der **Gnadentaler Mühle** und dem über den Fluss gelegenen **Selikum** vorbei unter Bäumen hindurch, sehen immer wieder Wildwasserkanuten auf eigens angelegten Trainingsstrecken ihre Paddel ins Wasser tauchen und genießen die Fahrt durch dieses groß angelegte Freizeitparadies an der Erft. Über eine Brücke gelangen wir nach fast drei Kilometern zum **Selikumer Park**. Ein großer Teil des Parks ist ein „Arboretum", das als Baummuseum verschiedene erdgeschichtlich wichtige Bäume von der Sumpfzypresse bis zum Mammutbaum und vom Fächerblattbaum bis zum chinesischen Rotholz zeigt. An diesem Punkt fahren wir nach links auf den sogenannten **„Kunstweg nach Düsseldorf"**, einem Euroga-Projekt, an dem sich 18 Gemeinden beteiligt haben. Der Neusser Abschnitt erstreckt sich von der Erftmündung bis zur Museumsinsel Hombroich. Hier sind fünf Skulpturen des auf der Insel Hombroich beheimateten Künstlers Anatol aufgestellt, von denen wir am rechten Wegesrand bald eine entdecken: die Skulptur **„Mannfrau-Fraumann"**.

In **Weckhoven** überqueren wir eine stark befahrene Straße, um bald darauf wieder auf den Radweg entlang des Flusses zu kommen, dem wir bis zum **Gut Eppinghoven** folgen. Hier fahren wir auf einer kleinen Landstraße nach **Holzheim** hinein, wenden uns dort nach links auf den Radweg an der **Kapellener Straße** und landen nach etwas über einem Kilometer am **Museum Insel Hombroich**. Sie ist wesentlicher Teil der Stiftung Hombroich. Von dem Düsseldorfer Kunstsammler Karl-Heinrich Müller (gest. 2007) ins Leben gerufen ist die Insel Hombroich heute eine gemeinnützige Kulturstiftung des Landes Nordrhein-Westfalen, ein Kulturraum, in dem sich Natur, Kunst und Künstlerateliers (auch auf der dazugehörigen „Raketenstation") zusammenfinden.

Über den **Parkplatz** des Museums finden wir hinunter zum Radweg an der Erft und folgen diesem über **Helpenstein** bis zur **B 477**, auf der wir auf einem sehr gut ausgebauten Radweg durch Felder hindurch über den Ort **Speck** ca. 4 Kilometer fahren, bis wir nach **Neuenbaum** einbiegen und durch den lang gezogenen Ort **Rosellerheide** nach Nievenheim gelangen. Hier steht die **Pfarrkirche St. Pankratius** mit den drei kunstvollen Barockaltären, die von Johann-Conrad Schlaun, der als einer der letzten bedeutenden Architekten des deutschen Barock gilt, entworfen wurden.

Unser Weg führt weiter nach **Straberg**. Kurz vor dem Ort liegt der **Straberger See**. Dieser dient der Naherholung und im Sommer tummeln sich hier die Badegäste. 1994 trieb es einer zu weit; er ließ seinen mitgebrachten Kaiman „Sammy" entkommen, was einen tagelangen Einsatz von Großwildjägern nach sich führte, die das ungefährliche Jungtier schließlich mit einem Käscher einfingen. Die Geschichte füllte Presse, Funk und Fernsehen, das „Sommerloch" und der Straberger See erlangten überregionale Berühmtheit.

Gut zwei Kilometer fahren wir jetzt gemächlich über die Landstraße durch Wiesen, Felder und Raine hindurch unserem nächsten Ziel entgegen: dem **Kloster Knechtsteden**. Schon von Weitem sehen wir den Turm der Basilika des von Spiritanern unterhaltenen Klosters, in der Landschaft stehen, doch bevor wir das prächtige Bauwerk umrunden, treffen wir auf eine eher weltliche Stätte, den **„Klosterhof"**, in dessen großem Biergarten zu fast jeder Jahreszeit alle Tische gut besetzt sind und mit Vorliebe das „Knechtstedener Schwarze" genossen wird.

Es hält uns nicht lange, unsere Fahrt führt uns weiter über einen Waldweg nach **Delhoven** hinein und von dort aus über einen mit Alleebäumen bestandenen, erholsamen Radweg nach **Dormagen**. Wir sehen recht wenig von der hier angesiedelten chemischen Industrie und gelangen in Dormagen die **B 9** überquerend in die wunderschöne Auenlandschaft am Rhein. Auf dem Rheindeich sehen wir über die Ackerflächen, Wiesen und Weiden am Fluss, atmen frische Landluft und hören das schwere Stampfen der Schiffsmotoren. Gerade vor uns taucht die Silhouette von **Zons**, der mittelalterlichen Festung am Rhein, mit ihrem Burgturm und dem Mühlenturm auf.

Wir gönnen uns einen kleinen Stadtrundgang in diesem etwa um die Mitte des 13. Jahrhunderts befestigten und später zur Zollfeste ausgebauten mittelalterlichen Kleinod, in dem vieles gut erhalten und restauriert ist – ein belebtes Museum, das jährlich unzählige

Einfach schön: der Radweg bei Dormagen

Touristen (nicht zuletzt wegen der berühmten **Märchenspiele der Freilichtbühne Zons**) anzieht.

Zurück am Rhein fahren wir an der Anlegestelle der **Fähre nach Urdenbach** vorbei weiter durch die Auenlandschaft und gelangen, einen **Campingplatz** umfahrend, in das weitläufige Naturschutzgebiet **„Grind"**, das uns mit einem Ensemble aus saftigen Wiesen, schönen Flussweiden und Viehkoppeln umgibt bis **Stürzelberg**. Aus diesem Ort hinaus fahren wir zunächst in Richtung Delrath und müssen dann nach rechts auf den Radweg der B 9 entlang in Richtung Stüttgen und Uedesheim radeln. Die Fahrt an der stark frequentierten Straße dauert nicht lange; kurz vor **Stüttgen** geht es wieder auf den Radweg am Rhein. Wir umfahren **Uedesheim** und sehen schon bald den hoch aufstrebenden roten Pfeiler der **Fleher Brücke**, die über den Fluss nach Düsseldorf führt, in der flachen Landschaft stehen. Wir nähern uns nun schnell wieder dem Ausgangspunkt unserer Tour, Neuss. Immer am Rheinufer entlang fahren wir am Ortsteil **Grimlinghausen** vorbei bis nach **Gnadental**, wo wir noch einen kleinen Abstecher zur rechts gelegenen **Erftmündung** unternehmen können, um dann am **Sporthafen** vorbei, wieder das **Obertor** passierend, geradewegs durch **Neuss** hindurch zum Ziel unserer langen, erlebnisreichen Fahrt, dem **Bahnhof Neuss** gelangen.

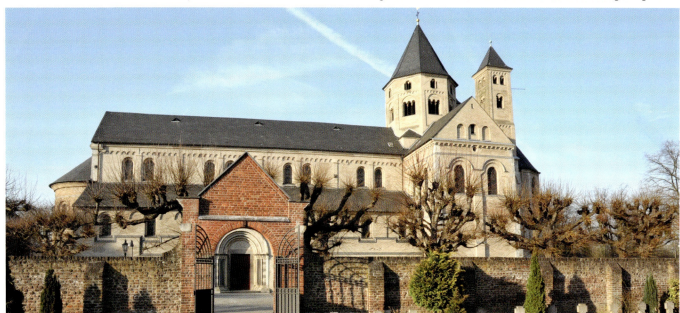

Kloster Knechsteden

Streckenführung

	Start	Neuss Hauptbahnhof	0
	weiter	über Ampelanlage, 30 m folgen	0,03
	links ab	Marienkirchplatz, 80 m folgen	0,11
	rechts ab	Marienkirchplatz, 90 m folgen	0,20
	rechts ab	Marienkirchplatz, 30 m folgen	0,23
	links ab	Bleichstr., 260 m folgen	0,49
	weiter	Rheinwallgraben, 270 m folgen	0,76
	rechts ab	Rheinstr., 150 m folgen	0,91
	rechts ab	Glockenhammer, 40 m folgen	0,95
	links ab	Münsterstr., 80 m folgen	1,03
		Quirinus-Münster	**1,03**
	links ab	Münsterplatz, 80 m folgen	1,11
	halb links	über Markt, 60 m folgen	1,17
	weiter	Hymgasse, 160 m folgen	1,33
	rechts ab	Am Kehlturm, 50 m folgen	1,38
	links ab	Oberstr., 360 m folgen	1,74
		Obertor / Clemens-Sels-Museum	**1,74**
	weiter	Am Obertor, 140 m folgen	1,88
	weiter	Augustinusstr., 100 m folgen	1,98
	rechts ab	Selikumer Str., 240 m folgen	2,22
	links ab	Nordkanalallee, 350 m folgen	2,57
	links ab	Nordkanalallee, 50 m folgen	2,62
	rechts ab	Alexianerplatz, 160 m folgen	2,78
	rechts ab	Berghäuschensweg, 2 km folgen	4,78
		Gnadental	**4,78**
	weiter	über Brücke, 20 m folgen	4,80
	rechts ab	Radweg an der Erft, 490 m folgen	5,29
		Gnadentaler Mühle	**5,29**
	weiter	Radweg an der Erft, 1,1 km folgen	6,39
		Gut Selikum	**6,39**
	links ab	Gerhard-Hoeme-Allee, 120 m folgen	6,52
	rechts ab	Weg an der Erft, 820 m folgen	7,33
	rechts ab	über Brücke, 40 m folgen	7,37
		Selikumer Park	**7,37**
	links ab	Radweg an der Erft, 500 m folgen	7,87
		Skulptur Mannfrau-Fraumann	**7,87**
	weiter	Radweg an der Erft, 60 m folgen	7,93
	links ab	Erprather Str., über Brücke 180 m folgen	8,11
		Weckhoven	**8,11**
	rechts ab	Burgweg, 170 m folgen	8,28

Rundtour 1

links ab	Radweg an der Erft, 320 m folgen		8,60
rechts ab	über Brücke, 50 m folgen		8,65
links ab	Radweg an der Erft, 620 m folgen		9,27
	Haus Eppinghoven / Eppingh. Mühle		**9,27**
weiter	Eppinghovener Str., 790 m folgen		10,06
	Holzheim		**10,06**
links ab	Kapellener Str., 1,3 km folgen		11,36
links ab	Minkel, 380 m folgen		11,74
	Museumsinsel Hombroich		**11,74**
rechts ab	Weg, 120 m folgen		11,86
links ab	Radweg an der Erft, 420 m folgen		12,28
rechts ab	über Brücke, 20 m folgen		12,30
weiter	Weg, 190 m folgen		12,49
	Helpenstein		**12,49**
links ab	Radweg an der Erft, 1,1 km folgen		13,59
rechts ab	Radweg an der B 477, 1,5 km folgen		15,09
	Speck		**15,09**
weiter	Radweg an der B 477, 2,5 km folgen		17,59
links ab	Neukirchener Str., 1,6 km folgen		19,19
	Neuenbaum		**1,19**
weiter	Neukirchener Str., 570 m folgen		19,76
	Rosellerheide		**19,76**
weiter	Neuenberger Str., 1,3 km folgen		21,06
rechts ab	Kreisverkehr, 50 m folgen		21,11
rechts ab	Neuenberger Str., 280 m folgen		21,39
rechts ab	Kreisverkehr, 30 m folgen		21,42
rechts ab	Horremer Str., 1,1 km folgen		22,52
weiter	Neusser Str., 800 m folgen		23,32
rechts ab	Kreisverkehr, 50 m folgen		23,37
	Nievenheim		**23,37**
rechts ab	Neusser Str., 680 m folgen		24,05
rechts ab	Salvatorstr., 70 m folgen		24,12
links ab	Conrad-Schlaun-Str., 230 m folgen		24,35
rechts ab	Straberger Weg, 900 m folgen		25,25
weiter	Norbertstr., 1,5 km folgen		26,75
	Straberg		**26,75**
links ab	Mühlenbuschweg, 80 m folgen		26,83
rechts ab	Winand-Kayser-Str., 340 m folgen		27,17
	Gabelung		
halb rechts	Winand-Kayser-Str., 1,5 km folgen		28,67

	Kloster Knechtsteden		**28,67**
weiter	Winand-Kayser-Str., 210 m folgen		28,88
links ab	Klosterstr., 290 m folgen		29,17
rechts ab	Waldweg, 640 m folgen		29,81
	Delhoven		**29,81**
weiter	Blechhofweg, 920 m folgen		30,73
links ab	Buschweg, 350 m folgen		31,08
links ab	Werther Str., 70 m folgen		31,15
rechts ab	Holzweg, 3,5 km folgen		34,65
	Dormagen		**34,65**
rechts ab	Mathias-Giesen-Str., 230 m folgen		34,88
links ab	Europastr., 490 m folgen		35,37
rechts ab	Europastr., 1,1 km folgen		36,47
weiter	Rheinfelder Str., 50 m folgen		36,52
rechts ab	Oberster Monheimer Weg, 2,3 km folgen		38,82
weiter	Radweg am Rhein, 3,3 km folgen		42,12
	Feste Zons / Fähre		**42,12**
weiter	Radweg am Rhein, 2,9 km folgen		45,02
	Campingplatz		**45,02**
halb links	Weg, 820 m folgen		45,84
	Fährhaus / NSG Grind		**45,84**
weiter	Radweg, 3,3 km folgen		49,14
	Stürzelberg		**49,14**
rechts ab	Oberstr., 390 m folgen		49,53
weiter	Bliesenbachstr., 200 m folgen		49,73
links ab	Feldstr., 100 m folgen		49,83
rechts ab	Delrather Str., 650 m folgen		50,48
weiter	Düsseldorfer Str., 300 m folgen		50,78
	Zinkhütte		**50,78**
rechts ab	Radweg an der B 9, 2,1 km folgen		52,88
rechts ab	Radweg am Rhein, 930 m folgen		53,81
	Uedesheim		**53,81**
weiter	Mecherscheider Str., 460 m folgen		54,27
rechts ab	Rheinfährstr., 500 m folgen		54,77
links ab	Deichstr., 380 m folgen		55,15
links ab	Wahlscheider Weg, 590 m folgen		55,74
rechts ab	Wahlscheider Weg, 420 m folgen		56,16
	Gut Alt Wahlscheid		**56,16**
rechts ab	Radweg, 520 m folgen		56,68
links ab	Radweg, 420 m folgen		57,10

rechts ab	Radweg, 550 m folgen	57,65
links ab	Radweg am Rhein, 260 m folgen	57,91
	Grimlinghausen	**57,91**
rechts ab	Am Röttgen, 1 km folgen	58,91
weiter	Rheinuferstr., 600 m folgen	59,51
weiter	Am Römerlager, 440 m folgen	59,95
	Erftmündung rechts gelegen	**59,95**
rechts ab	Grimlinghauserbrücke, 170 m folgen	60,12
links ab	Am Sporthafen, 300 m folgen	60,42
	Gnadental	**60,42**
rechts ab	Konstantinstr., 90 m folgen	60,51
links ab	Scheibendamm, 1,5 km folgen	62,01
links ab	Hammerfelddamm, 120 m folgen	62,13
	Neuss	**62,13**
rechts ab	Alexianerplatz, 140 m folgen	62,27
weiter	Augustinusstr., 490 m folgen	62,76
weiter	Am Obertor, 140 m folgen	62,90
	Obertor / Clemens-Sels-Museum	**62,90**
weiter	Oberstr., 560 m folgen	63,46
weiter	Büchel, 240 m folgen	63,70
weiter	Niederstr., 280 m folgen	63,98
weiter	Krefelder Str., 310 m folgen	64,29
rechts ab	Theodor-Heuss-Platz, 130 m folgen	64,42
Ziel	**Hauptbahnhof Neuss**	**64,42**

Streckencharakter

Schwierigkeit: leicht
Immer am sogenannten „blauen Band" entlang, fahren Sie sicher und flach auf Radwegen und kleinen ländlichen Straßen.
Die Strecke ist familiengeeignet und auch Rennradfahrer haben hier bis auf wenige Abschnitte ihren Spaß.

Streckenprofil

Tourlänge	64,42 km	Ges. Aufstieg :	ca. 250 m
Min. Höhe:	ca. 30 m	Ges. Abstieg :	ca. 250 m
Max. Höhe:	ca. 55 m	Fahrzeit:	ca. 260 Min.

Treidelschifffahrtsdenkmal in Stürzelberg

Serviceteil Rundtour 1

Tipp Essen und Trinken

Zons
Gasthaus Zur Rheinfähre, Herrenweg 39, Tel.: 02133 42349
Im einladenden Biergarten des alten, gemütlichen Restaurants nahmen wir eine leckere Gulaschsuppe und ein frisches Radler als Stärkung für den Weg ein.

Sehenswürdigkeiten

Eppinghoven
Haus Eppinghoven (s. Wegbeschreibung)
Die früheren Wirtschaftsgebäude des Klosters werden landwirtschaftlich genutzt. Das Hauptgebäude befindet sich im Privatbesitz. Das gesamte Anwesen ist für die Öffentlichkeit nicht zugänglich. Das „Haus Eppinghoven" wurde am 27.09.2001 in die Denkmalliste der Stadt Neuss aufgenommen.

Holzheim
Museum Insel Hombroich, Minkel 2, Neuss-Holzheim, Tel.: 02182 2094
E-Mail: stiftung@inselhombroich.de, www.inselhombroich.de
Nähere Informationen entnehmen Sie bitte der Webseite.

Knechtsteden
Kloster Knechtsteden (s. Wegbeschreibung)
Romanische Gewölbebasilika aus dem 12. Jahrhundert. Derzeit bewohnen Spiritaner das Kloster. In der Klosterbasilika finden alljährlich in der zweiten Septemberhälfte die Festlichen Tage Alter Musik statt.

Vor dem Eingang des Klosters steht der „Klosterhof", ein äußerst beliebtes Ausflugslokal.

Neuss
Hamtorplatz mit Stadtmauer
Reste der mittelalterlichen Stadtmauer. Wehrgangbögen des 13. Jahrhunderts, äußerer Mauerring des 14. Jahrhunderts.

Gasthaus „Zum Schwatte Päd" (1604), Büchel 50, www.schwatte-paed.de
Bürgerhaus der Backstein-Renaissance. Schönste und besterhaltene mittelalterliche Hausfassade, ältestes Gasthaus am Niederrhein.

JEVER-Skihalle, An der Skihalle 1, Tel.: 02131 1244 0, www.allrounder.de
300 Meter lange und 60 Meter breite Piste, Ski- und Snowboard-Unterricht, Kletterwand, Gastronomie, Biergarten, Kinderspielplatz, Abenteuerspielplatz, Streichelzoo. Öffnungszeiten und Preise entnehmen Sie bitte der Website.

Obertor, Am Obertor
Letzte der sechs Torburgen der mittelalterlichen Stadtbefestigung aus dem 13. Jahrhundert. Eines der mächtigsten Stadttore im Rheinland.

Quirinus-Münster, Münsterplatz
Wahrzeichen der Stadt. Spätromanische, dreischiffige Emporenbasilika aus dem Jahr 1209. Orgelstunde zur Marktzeit, Sa. 11.30 Uhr.

Vogthaus „Zu den Heiligen Drei Königen" (1597), Münsterplatz 10
Ehemals Amtssitz des Erzbischöflichen Vogtes. Heute Gasthaus. **Schützenglockenspiel** mit 27 Figuren aus dem Neusser Bürger-Schützenfest (tägl. 11.00 und 17.00 Uhr).

Zeughaus (Mitte 17. Jh.), Markt 42
Ehemalige Observanten- (Franziskaner) Kirche und Kloster. Im 19. Jahrhundert Zeughaus für die Garnison. Heute Konzert- und Veranstaltungshaus.

Neuss-Gnadental
Erftmündung (s. Wegbeschreibung)
Pavillon „Fossa Sanguinis", Gepaplatz
Kultstätte aus dem 4. Jahrhundert n. Chr.

Nievenheim
Pfarrkirche St. Pankratius
In der Kirche befinden sich drei kunstvolle Barockaltäre.

Selikum
Kinderbauernhof Neuss, Nixhütter Weg 141, Tel.: 02131 908521
www.kinderbauernhof-neuss.de
Kinder erhalten in dieser Neusser Einrichtung einen Einblick in das Leben auf dem Bauernhof und ein Gefühl für die Natur.
Öffnungszeiten: tägl. 9.00-18 Uhr. Die Scheune ist Di.-Fr. von 10.00-17.00 Uhr und Sa./So. 11.00-17.00 Uhr geöffnet. Der Eintritt ist frei.
Selikumer Park (s. Wegbeschreibung)

Weckhoven
Erprather Mühle (s. Wegbeschreibung)
Hinter den Mauern der alten Erprather Mühle unterhält die Firma BRATA eine der modernsten Anlagen zur Herstellung von Paniermehl und Panaden.

Zons
Altstadt, www.dormagen.de
Die im 14. Jahrhundert gegründete ehemalige kurkölnische Zollstadt wird aufgrund ihrer gut erhaltenen mittelalterlichen Mauern und Türme auch das „rheinische Rothenburg" genannt. Besonders bemerkenswert ist die Südseite der Stadtbefestigung.

Kreismuseum Zons, Kulturzentrum des Rhein-Kreises Neuss, Schloßstr. 1
Tel.: 02133 5302 0, E-Mail: kreismuseum-zons@rhein-kreis-neuss.de
www.rhein-kreis-neuss.de

Freilichtbühne Zons, Wiesenstr., Tel.: 02133 42274
www.freilichtbuehne-zons.de

Radservice

Dormagen
Wolfgang Boecker, Florastr. 23 u. Kölner Str. 66, Tel.: 02133 539660,
www.boecker-dormagen.de
Öffnungszeiten: Mo.-Fr. 9.00-12.30 Uhr und 14.30-18.30 Uhr, Sa. 9.00-14.00 Uhr

Neuss
Birkenstock der Radfachmarkt, Moselstr. 15, Tel.: 02131 45588
www.birkenstock-zweirad.com

Double-U-Cycle-Shop GmbH, Büttger Str. 37, Tel./Fax: 02131 278175
www.double-u-cycle.de

Radstation Neuss, Further Str. 2, Tel.: 02131 6619890
http://caritas.erzbistum-koeln.de/neuss_cv/arbeit/radstation.html
Vermietung, Parken, Bewachung, Reparaturservice, Reinigung u.v.m.
Öffnungszeiten: Mo.-Fr. 6.00-22.30 Uhr, Sa. 8.00-22.00 Uhr, So. 9.00-22.00 Uhr

Neuss-Gnadental
Bettina Oberländer, Grüner Weg 2b, Tel.: 02131 103385
www.zweirad-oberlaender.de
Öffnungszeiten: Mo.-Fr. 9.00-12.30, 14.30-18.30 Uhr, Sa. 9.00-13.00 Uhr

Neuss-Grimlinghausen
Arno's Bikestore, Kölner Str. 444, Tel.: 02131 2911218
www.arnos-bikestore.de
Öffnungszeiten: Mo.-Fr. 10.00-18.30 Uhr, Sa. 10.00-14.00 Uhr

Worringen
Fahrrad Leikeb, Pankratiusstr. 25, Tel.: 0221 783117, www.fahrrad-leikeb.de,
Öffnungszeiten: Mo.-Fr. 10.00-12.00 Uhr u. 14.00-18.00 Uhr, Sa. 10.00-13.00 Uhr

Wilfried Peffgen, Lievergesberg 48, Tel.: 0221 784421

In der „Hinsbecker Schweiz"

Die Hinsbecker Schweiz und die Niersauen

Auf dieser Rundtour berühren wir die Fietsallee am Nordkanal an zwei verschiedenen Streckenabschnitten: zwischen Viersen und Grefrath sowie zwischen Voursenbeck und Grefrath.

Diese Abschnitte sind bereits im Kapitel „Kanaltour 2" beschrieben und werden hier nur am Rande erwähnt. Die nachfolgende Fahrtabelle bildet natürlich die gesamte Rundtour ab.

Wir starten am **Bahnhof Viersen** und fahren entlang der Fietsallee in Richtung Grefrath. Übrigens wird der Bahnhof gerade (Frühjahr 2009) so umgebaut, dass man die Fietsallee durch ihn hindurch auf direktem Weg erreichen kann. Zwischen Viersen und Süchteln erreichen wir freies Land. Links von uns erheben sich die bewaldeten **„Süchtelner Höhen"**, wo das Wahrzeichen von Süchteln, die **Irmgardiskapelle** steht. Die Höhen sind ein sehr beliebtes Freizeit- und Wandergebiet. Wir bleiben jedoch auf der Fietsallee und kommen nach **Süchteln**, der alten Weberstadt. Wir folgen weiter dem **„blauen Band"**, wie in der Kanaltour 2 beschrieben, über Vorst bis nach Grefrath.

Hier trennen wir uns von der Fietsallee und erkunden die Gegend um Hinsbeck herum. Wir unterqueren am Ortsrand von **Grefrath** die

Fast schon unheimlich: der Buchenwald am Weg

Wankumer Straße und es beginnt eine wunderschöne Landpartie. Wir bemerken, dass unser Weg ansteigt. Die hübsche, kleine Landstraße führt uns vorbei an malerisch gelegenen Höfen, wir passieren den kleinen Ort **Hübeck** und haben nun nicht mehr den freien Blick über flaches Land, wie in allen anderen hier beschriebenen Touren, sondern schauen links und rechts gegen so manchen Hügel. Bei **Büschen** erreichen wir den mit 80 Metern über dem Meeresspiegel gelegenen höchsten Punkt der Tour mitten in der sogenannten **Hinsbecker Schweiz** und sehen links von uns die **Stammenmühle**. Schön und weiß mit großen Flügeln steht die Mühle da auf einer Erhebung und wir klettern zu ihr hinauf. Wir erfahren, dass sie im Jahr 1854 von dem Müller Michael Stammen erbaut wurde und bis ins Jahr 1928 ihren Dienst verrichtete. Heute heißt der Besitzer Bernhard Zanders und der betreibt hier eine Geigenbauwerkstatt.

Ein wenig weiter sehen wir gerade vor uns auf dem **Kreuzberg** die **Kreuzkapelle** stehen und die hat auch ihre eigene Geschichte: Von je her war Hagel für die Bauern eine große Plage, konnte er doch eine gesamte Ernte vernichten. So trugen die Hinsbecker vermutlich schon im 16. Jahrhundert jedes Jahr im Frühjahr in einer feierlichen Prozession ein hölzernes Kreuz auf den Hügel nahe ihres Ortes – damals hieß er Hagelkreuzberg – und stellten es dort auf, um unter Fürbitten die Felder vor dem Hagelschlag zu bewahren. Anfang des 18. Jahrhunderts wurde dann an diesem Ort die Kreuzkapelle errichtet. Für uns, die wir nicht so verbunden sind mit den Bräuchen und Gepflogenheiten, strahlt der Ort dennoch eine wunderbare Ruhe aus und mit touristischen Augen betrachtet, hat man von hier aus einen herrlichen Rundumblick über das Hinsbecker Land. Am Ortsrand des staatlich anerkannten Erholungsortes Hinsbeck vorbei, fahren wir wieder über schönes Bauernland durch das Örtchen **Voursenbeck** hindurch und finden bald darauf das „**Haus Waldesruh**". Das hat einen ausgewiesenen Fahrradparkplatz und – so heißt es dort auf einem Schild – auch Reiter mit Pferden sind herzlich willkommen. Tatsächlich hat man an der Hausecke überdachte Pfosten angebracht, an denen man die Pferde anbinden kann. Wir lassen uns nicht lange bitten und stellen unsere Drahtesel auf den Parkplatz, um eine Pause einzulegen.

Gestärkt schwingen wir uns dann wieder in die Sättel und fahren in den Wald hinein. Knapp 300 Meter weiter treffen wir wieder auf das **„blaue Band"**, dem wir durch den **Buchenwald**, der eine landschaftliche Besonderheit darstellt – wurde er doch zur sogenannten Niederwaldbewirtschaftung hier angelegt –, folgen. In dieser Holzbewirtschaftungsform machte man sich die Eigenschaft der Buche (aber auch andere Baumarten weisen diese Eigenschaft auf) zunutze, dass sie, nach einem Abhieb des Stammes wieder ausschlagen und so immer wieder abgeerntet werden können. So können wir uns erklären, dass die Bäume hier so unglaublich knorrig und verästelt sind.

Wir folgen der Fietsallee weiter bis nach **Grefrath** hinein und biegen dann an der Ecke **Im Mayfeld** und **Hinsbecker Straße** von ihr ab, durchkreuzen Grefrath und befinden uns bald auf einem landwirtschaftlichen Weg parallel zur **B 509**, der uns direkt an den Fluss **Niers** bringt, den wir auf einer kleinen Brücke bei **Mülhausen** überqueren, um dann seinem pfeilgeraden Verlauf in Richtung Oedt zu folgen. Nachdem wir auf dem schönen Uferweg, der teilweise mit Alleebäumen bestanden ist, die **B509** unterquert haben, sehen wir über die Niers hinweg auf der rechten Seite den **Sportflughafen Grefrath-Niershorst** liegen. Nun geht es, dem Fluss in einer Biegung folgend, bis nach **Oedt**, von wo wir von unserem Radweg in der **Niersaue** aus, die Kirchturmspitze sehen können.

Hier führt die **Mühlengasse** nach links weg und nur wenige Meter weiter, wartet die nächste Attraktion auf uns: die **Burg Uda**, von der nur noch der runde Turm und einige Fundamente erhalten sind. Die gegen 1314 erbaute Burg diente den Kurkölnern, denen das Oedter Land zugehörte, als Bollwerk gegen Geldern und Jülich. Erst 1757 verlor sie ihre militärische Bedeutung, als französische Truppen sie sprengten.

Heute ist die in traumhaft schöner Umgebung gelegene Burgruine ein beliebtes Ausflugsziel und es finden hier Veranstaltungen statt, vom Jazzfrühschoppen bis hin zu Ritterspielen.

Wir umfahren die Burganlage durch die Niersaue und gelangen bald nachdem wir über eine kleine **Brücke** über den **Zweigkanal** des Flusses gefahren sind, an dessen Rand an eine Stelle, wo dieser sich abzweigt und aus unserer Fahrtrichtung aussieht wie ein Y.

Die Stammenmühle

Wunderschöne Flusslandschaft an der Niers

Streckencharakter

Schwierigkeit: leicht
Obwohl wir von Grefrath bis kurz vor Hinsbeck auf einer knapp vier Kilometer langen Strecke ungefähr 50 Höhenmeter überwinden müssen, ist die Tour durchaus gemütlich zu fahren.
Sie ist familientauglich und auch Rennradfahrer haben mit wenigen Einschränkungen ihren Spaß.

Streckenprofil

Tourlänge	41,74 km
Min. Höhe:	ca. 29 m
Max. Höhe:	ca. 80 m
Ges. Aufstieg :	ca. 280 m
Ges. Abstieg :	ca. 280 m
Fahrzeit:	ca. 180 Min.

Wir bleiben am rechten, zur Niers gelegenen Abzweig und fahren über Wiesen und Felder durch **Hagen** hindurch, bis wir am Stadtrand von **Süchteln** über ein kurzes Stück an der **L 475** entlang wieder direkt an der **Niers** landen und ihr auf unserem alleeartigen Radweg genüsslich folgen. Übrigens lohnt es sich, immer mal wieder auf die kleinen Brücken, die oft den Fluss überspannen, zu gehen und auf das sich so gerade durch die Landschaft ziehende Wasser zu schauen. Von diesen Punkten aus erschließt sich uns die wunderbare Auenlandschaft am besten. Bald erreichen wir Viersener Stadtgebiet und müssen Abschied nehmen von unserem Fluss, der übrigens knapp 118 Kilometer lang ist und in Kuckum bei Erkelenz entspringt, um in Gennep in die Maas zu münden. Auf dem **Clörather Weg** geht es hinein in den Viersener Vorort **Unterrahser** und dort treffen wir auf der Kreuzung **Rahserstraße** und **Sittarder Straße** auf unser „blaues Band", dem wir bis Hülsdonk folgen, um von dort über die **Krefelder Straße** und die **Bahnhofstraße** zu unserem Ausgangspunkt, dem **Bahnhof Viersen** zu gelangen.

Kleiner Teich beim „Haus Waldesruh"

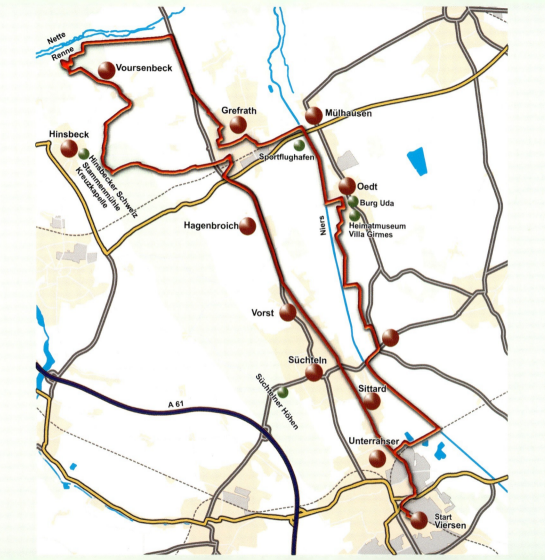

Streckenführung

	Start	Bahnhof Viersen	0
	rechts ab	Bahnhofsplatz, 230 m folgen	0,23
	rechts ab	Eichelnbusch, 70 m folgen	0,30
	links ab	Bahnhofstr., 230 m folgen	0,53
	rechts ab	Krefelder Str., 460 m folgen	0,99
	rechts ab	Kreisverkehr, 80 m folgen	1,07
		Hülsdonk	**1,07**
		Fietsallee am Nordkanal	**1,07**
	rechts ab	Kanalstr., 590 m folgen	1,66
	weiter	Sittarder Str., 690 m folgen	2,35
	links ab	Rahserstr., 230 m folgen	2,58
	rechts ab	Weg, 190 m folgen	2,77
	halb links	Am Alten Nordkanal, 170 m folgen	2,94
	links ab	Oberrahserstr., 30 m folgen	2,97
	rechts ab	Am Schluff, 250 m folgen	3,22
	weiter	An der Bahn, 1,0 km folgen	4,22
	weiter	Weg, 880 m folgen	5,10
		Süchteln	**5,10**
	rechts ab	Tönisvorster Str., 30 m folgen	5,13
	links ab	Weg, 200 m folgen	5,33

	links ab	Weg, 250 m folgen	5,58
		Vorst	**5,58**
	weiter	Andreasstr., 1,3 km folgen	6,88
	weiter	Straße, 800 m folgen	7,68
	rechts ab	Grefrather Str., 2,1 km folgen	9,78
	halb rechts	Weg, 410 m folgen	10,19
	links ab	Floethütte, 180 m folgen	10,37
	links ab	L 39, 410 m folgen	10,78
	links ab	B 509, 190 m folgen	10,97
		Grefrath	**10,97**
	rechts ab	Straße, 80 m folgen	11,05
	rechts ab	Weg, 150 m folgen	11,20
	weiter	Lobbericher Str., 360 m folgen	11,56
	links ab	Lobbericher Str., 210 m folgen	11,77
	links ab	Stegweg, 150 m folgen	12,17
		Ende der Fietsallee	**12,17**
	links ab	Stegweg, 10 m folgen	12,18
	rechts ab	Stegweg, 220 m folgen	12,40
	weiter	Hübecker Weg, 500 m folgen	12,90
	links ab	Hübecker Weg, 2,2 km folgen	15,10

	rechts ab	Straße, 490 m folgen	15,59
		Hinsbeck	**15,59**
		Stammenmühle, links gelegen	**15,59**
	rechts ab	Grefrather Str., 40 m folgen	15,63
	weiter	Straße, 730 m folgen	16,36
	links ab	Römerstr., 50 m folgen	16,41
	rechts ab	Straße, 750 m folgen	17,16
		Glabbach	**17,16**
	links ab	Straße, 790 m folgen	17,95
		Voursenbeck	**17,95**
	weiter	Straße, 820 m folgen	18,77
	links ab	Straße, 270 m folgen	19,04
	rechts ab	Straße, 80 m folgen	19,12
		Haus Waldesruh	**19,12**
	weiter	Straße, 200 m folgen	19,32
	halb rechts	Straße, 130 m folgen	19,45
	rechts ab	Straße, 260 m folgen	19,71
	links ab	Straße, 190 m folgen	19,90
	rechts ab	Straße, 230 m folgen	20,13
	links ab	Straße, 220 m folgen	20,35

	rechts ab	Straße, 1,2 km folgen	21,55
	weiter	Nettekanalweg, 1,0 km folgen	22,55
	rechts ab	L 39, 1,5 km folgen	24,05
	links ab	Straße, 30 m folgen	24,08
	rechts ab	Straße, 100 m folgen	24,18
	weiter	An der Plüschweberei, 530 m folgen	24,71
		Grefrath	**24,71**
	links ab	Wankumer Str., 480 m folgen	25,19
	rechts ab	Nordstr., 110 m folgen	25,30
	weiter	Lindenstr., 250 m folgen	25,55
	rechts ab	Lindenstr., 110 m folgen	25,66
	links ab	Im Mayfeld, 170 m folgen	25,83
	links ab	Hinsbecker Str., 310 m folgen	26,14
	weiter	Hohe Str., 430 m folgen	26,57
	rechts ab	Bahnstr., 70 m folgen	26,64
	links ab	Libbertz, 120 m folgen	26,76
	weiter	Heudonk, 210 m folgen	26,97
	links ab	Straße, 330 m folgen	27,30
	weiter	Straße, 210 m folgen	27,51
		Flugplatz, rechts gelegen	**27,51**

weiter		Straße, 540 m folgen	28,05
		Niers (Fluss)	**28,05**
weiter		über Brücke, 20 m folgen	28,07
		Mülhausen	**28,07**
rechts ab		Radweg an der Niers, 2,0 km folgen	30,07
		Oedt	**30,07**
links ab		Mühlengasse, 420 m folgen	30,49
rechts ab		Zur Burg Uda, 250 m folgen	30,74
		Burg Uda	**30,74**
rechts ab		Bruchweg, 170 m folgen	30,91
links ab		Straße, 360 m folgen	31,27
rechts ab		Straße, 150 m folgen	31,42
links ab		Straße, 150 m folgen	31,57
rechts ab		Straße, 1,4 km folgen	32,97
links ab		Fritzbruch, 310 m folgen	33,28
		Schüpp	**33,28**
rechts ab		Steeghütter Weg, 130 m folgen	33,41
rechts ab		Straße, 1 km folgen	34,41
links ab		Straße, 160 m folgen	34,57

rechts ab		Mülhausener Str., 610 m folgen	35,18
		Hagen	**35,18**
rechts ab		Tönisvorster Str., 470 m folgen	35,65
links ab		Weg an der Niers, 2,5 km folgen	38,15
		Viersen	**38,15**
links ab		Clörather Weg, 840 m folgen	38,99
rechts ab		Vorster Str., 190 m folgen	39,18
links ab		Rahserstr., 360 m folgen	39,54
		Fietsallee am Nordkanal	**39,54**
links ab		Sittarder Str., 690 m folgen	40,23
weiter		Kanalstr., 590 m folgen	40,82
		Hülsdonk	**40,82**
		Ende der Fietsallee am Nordkanal	**40,82**
weiter		Kreisverkehr, 30 m folgen	40,85
rechts ab		Krefelder Str., 460 m folgen	41,31
links ab		Bahnhofstr., 230 m folgen	41,54
rechts ab		Eichelnbusch, 80 m folgen	41,62
links ab		Bahnhofsplatz, 120 m folgen	41,74
		Ziel Bahnhof Viersen	**41,74**

Serviceteil Rundtour 2

Tipp Essen und Trinken
Nettetal - Hinsbeck
Haus Waldesruh, Heide 7, Tel.: 02153 27 71, E- Mail: info@haus-waldesruh-online.de, www.haus-waldesruh-online.de
In diesem radfahrer- und reiterfreundlichen Restaurant ließen wir uns Grünkohl mit Schinkenmettwurst zu einem absolut fairen Preis schmecken.

Sehenswürdigkeiten
Süchteln (s. auch Kapitel Kanaltour 2)
Süchtelner Höhen (s. Wegbeschreibung)
Auf den Süchtelner Höhen befindet sich die **Irmgardiskapelle**, das Wahrzeichen von Süchteln. Diese Kapelle wurde 1664 zu Ehren der heiligen Irmgardis gestiftet. 1907 wurde auf den Süchtelner Höhen ein **Wasserhochbehälter** erbaut.
Die Höhen bieten eine Menge Möglichkeiten zur Freizeitgestaltung. So gibt es hier einen großen **Biergarten**, einen öffentlichen **Fußballaschenplatz**, die **„Waldkampfbahn"**, ein **Rasenplatz**, eine **Skaterbahn**, eine **BMX-Cross-Strecke**, einen **Kletterwald** sowie ein **Wildgehege**.

Hinsbeck (s. auch Kapitel Kanaltour 2)
Hinsbecker Schweiz
Hinsbeck wird in der flachen niederrheinischen Landschaft als „Bergdorf" und durch die Lage am Abhang der Hinsbecker Höhen „Hinsbecker Schweiz" genannt.
Kreuzkapelle (Lage und erklärenden Text s. Wegbeschreibung)
Stammenmühle (Lage und erklärenden Text s. Wegbeschreibung)
Katholische Pfarrkirche St. Peter, Oberstr. 16

Grefrath (s. auch Kapitel Kanaltour 2)
Flugplatz Grefrath-Niershorst (s. Wegbeschreibung), www.sky-fun.de
Rundflüge; Tandemsprung aus 4.000 Meter Höhe für jedermann; Flughafenrestaurant
Hier können Sie Ultraleicht-, Sport- und Segelflugzeuge beobachten, der Flugbetrieb findet je nach Wetterlage statt.
Alle Informationen zu den Angeboten finden Sie auf der Webseite des Flugplatzes.
Öffnungszeiten: wochentags ab 11.00 Uhr, an Wochenenden ab 9.00 Uhr

Grefrath-Oedt
Burg Uda (Lage und erklärenden Text s. Wegbeschreibung)
www.burguda.de
Heimatmuseum Oedt, Johannes Girmesstr. 21
Tel.: 02158 5273 oder 02158 5376, www.heimatverein-oedt.de
Informatives Museum, in dem in fünf Schauräumen die Geschichte Oedts anschaulich dargestellt wird.
Öffnungszeiten entnehmen Sie bitte der Webseite des Museums.
Für Schulklassen und Gruppen sind Öffnungen und Führungen nach telefonischer Vereinbarung möglich.
Eintrittspreise: Kinder bis 9 Jahre frei, Jugendliche von 10-16 Jahre 0,50 €
Erwachsene 1,00 €

Villa Girmes, Johannes-Girmes-Str. 23, Tel.: 0173 2154999
E-Mail: cramer@villa-girmes.de, www.villa-girmes.de
Im Jahre 1879 wurde in Oedt die Teppichmanufaktur „Girmes" gegründet. Kommerzienrat und Firmengründer Johannes Girmes ließ sich anlässlich des 25-jährigen Bestehens der „Johannes Girmes & Co. KG" dieses historische „Landhaus" errichten. Zuvor bewohnte er das daneben liegende Gebäude, das jetzige Domizil des Oedter Rathauses und des Oedter Heimatvereins nebst Heimat-Museum.
Heute werden in der Villa verschiedenste Veranstaltungen angeboten.

Viersen (s. Kapitel Kanaltour 2)

Radservice
Grefrath
Radsport Heidler, Mülhausener Str. 26, Tel.: 02158 2094
Kellermann OHG, Hochstr. 33, **Oedt**, Tel.: 02158 951950
Radprofi Bohnen, Lobbericher Str. 79, Tel.: 02158 917444

Nettetal
Zweirad Backes, An St. Sebastian 40, Lobberich, Tel.: 02153 405405
Klitsie Fahrräder, Rosental 35, Lobberich, Tel.: 02153 800434

Viersen (s. Kapitel Kanaltour 2)

Die Rundtour in Deutschland und den Niederlanden

Rundtour 3
Kaldenkirchen - Venlo - Kaldenkirchen

Idylle: Anwesen kurz vor den Krickenbecker Seen

Im Naturpark Maas-Schwalm-Nette

Heute starten wir im Grenzort **Kaldenkirchen**. Das letzte Drittel der Tour vom Poelvennsee bis Venlo ist schon im Kapitel „Kanaltour 2" beschrieben, deshalb gehen wir hier nur marginal darauf ein. In der Fahrtabelle ist die Tour natürlich komplett abgebildet.

Kaldenkirchen ist im **Naturpark Maas-Schwalm-Nette** gelegen, der 2002 als grenzüberschreitendes Projekt in Deutschland und in den Niederlanden gegründet wurde. Das 870 Quadratkilometer große Naherholungsgebiet erstreckt sich in Deutschland über die Kreise Kleve, Viersen und Heinsberg sowie der Stadt Mönchengladbach und über die Gemeinden Roermond, Roerdalen, Venlo und Swalmen in den Niederlanden. Ihn durchfließen die Flüsse Maas, Schwalm und Nette und er enthält das Naturschutzgebiet Krickenbecker Seen.

Wir starten also am **Bahnhof Kaldenkirchen**, durchfahren den Ort auf der **Kehrstraße** mit ihren kleinen Häusern, radeln an der katholischen **Kirche** vorbei, bemerken noch das **Zigarrendreherdenkmal**, finden auf der Straße **„Zur Lärche"** aus der Stadt heraus und sind ganz schnell mitten auf dem Land. Ein schöner asphaltierter Radweg führt uns unter der **B 221** hindurch über die Felder. Radausflügler, Spa-

Beliebt: Reiten am Niederrhein

ziergänger und so mancher Reiter begegnen uns und wir können uns nicht satt sehen an dem weiten Bauernland, das uns hier umgibt. In einiger Entfernung links von uns verläuft zwar die **A 61**, das stört den Gesamteindruck aber recht wenig. Wir sehen den Bauern zu, wie sie Kartoffeln von den Feldern auf die großen Anhänger der Traktoren laden und sich dabei Zeit für ein kleines Schwätzchen nehmen.

Bald taucht am Horizont der Doppelkirchturm des Örtchens **Breyell** auf. Im Mittelalter war der heutige Stadtteil von Nettetal ein ganz bedeutender Handelsplatz; das lag daran, dass Breyell an einer Kreuzung von jahrhundertealten Handelswegen liegt, die Köln mit Den Bosch und Aachen mit Nimwegen verbanden. Außerdem ist man ja hier nicht weit entfernt von den alten Häfen in Tegelen, Steyl und Venlo. Wir wagen einen kleinen Ausflug in die Stadt, sehen uns die von ferne schon erblickte doppeltürmige Lambertuskirche und das Kiepenträgerdenkmal an, welches davon zeugt, dass hier früher die Bauern mit wohlgefüllten Kiepen über das Land zogen und ihre Waren verkauften. Heute lebt die Stadt eher von Gewerbe und Industrie, hat sich aber durch ihre wunderschönen Bürgerhäuser am Markt ihren besonderen Charme erhalten.

Zurück auf unserem Weg finden wir am Ortsausgang von Breyell direkt neben der **A 61** gelegen das **Weyerkastell**, ein für den Ort bedeutendes Haus, von dessen Geschichte wir im Serviceteil ein wenig erzählen werden.

Nun führt unsere Strecke über eine wunderschöne, gut befahrbare Baumallee – der Ausflugsverkehr von Radfahrern und Spaziergängern wird hier immer dichter, woran wir merken, dass wir uns langsam aber sicher auf einen besonderen Streckenabschnitt zubewegen. Es fällt uns wirklich nicht schwer, hier ein wenig langsamer zu fahren, denn es wird landschaftlich traumhaft und wir passen uns gerne dem Tempo der Ausflügler an. Etwa einen Kilometer nachdem wir die A 61 passiert haben, kreuzen wir bei **Sassenfeld** die **Nette** und genau dort befindet sich das **Gasthaus Lüthemühle** – die Geschichte dieses Hauses lässt sich bis ins 13. Jahrhundert zurückverfolgen, als sie noch Vogelsangmühle hieß. Heute steht auf dem historischen Gelände das Ausflugslokal, in dessen Inneren wir noch so manches von der Geschichte der Mühle erfahren können. Direkt gegenüber liegt der **Ferkensbruch**, einer der zehn **Nette- und Nettetaler Seen**, in deren Gebiet wir nun eintauchen. Die Seen sind nicht naturgegeben, sie entstanden aus den Niedermooren des Nettetals, die sich hier vor etwa 8000 bis 10000 Jahren gebildet hatten und sind von Menschenhand geschaffen. Das Moor wurde ab dem 16. Jahrhundert „ausgetorft". Man entdeckte nämlich den Torf, der mühselig gestochen und „gefischt" werden musste, als Brennmaterial und handelte damit. Als dann im 19. Jahrhundert das gesamte Niedermoor „abgetorft" war, begann man die so entstandenen Flächen zum Betrieb von Mühlen – z.B. den Ferkensbruch für die Lüthenmühle – aufzustauen. Die Krickenbecker Seen wurden zum Schutz der Burg Krickenbeck angelegt.

Wir fahren weiter an **Sassenfeld** vorbei, in den Vorgärten blühen im Frühjahr prachtvolle Magnolienbäume, links von uns zieht sich in einiger Entfernung eine gerade Linie von Laubbäumen durch die Felder; sie umstehen das Bett der Nette, die hier den De-Witt-See mit dem Ferkensbruch verbindet. Zwei Kilometer, nachdem wir den Ferkensbruch passiert haben, finden wir den **Naturschutzhof Nettetal** (NABU), dem wir einen Besuch abstatten. Besonders sehenswert ist hier der acht Meter hohe „Lebensturm", der von oben bis unten mit Nistkästen behangen ist, und auf dem unterschiedliche Vogelarten, Insekten und Kriechtiere eine „Wohngemeinschaft" bilden.

Einen Kilometer weiter sehen wir rechts von uns, über eine kleine Straße an einem Bauernhof gelegen, auf den Kirchturm des Dorfes **Hamsel**. Hier ist einer der Punkte, die uns die ganze Schönheit der niederrheinischen Landschaft offenbaren: Weit können wir blicken, an großen grünen Wiesen – Zaunpfähle wie Landmarken daran aufgestellt, verlängern noch den perspektivischen Eindruck – liegen kleine Straßen, ab und an steht ein Gehöft, mit großen, im Frühjahr wunderschön aufblühenden Obstbäumen daran. Im Hintergrund zeichnet sich die Silhouette eines kleinen Dorfes ab und darüber breitet sich der weite niederrheinische Himmel aus.

Kurz darauf müssen wir bei dem kleinen Dorf **Schlöp** die **B 509** überqueren, die Hinsbeck und Leuth verbindet. Vorsicht ist angesagt! Dann fahren wir noch eine Weile durch Felder und Wiesen, bis wir

Landschaft bei Hamsel

Das Textilmuseum „Die Scheune"

vorbei über **Louisenburg**, **Herongen**, **Brüxken** und **Dammerbruch** bis zum **Bahnhof Venlo** folgen.

Dort treten wir den kurzen Rückweg nach Kaldenkirchen an, der uns an der großen Venloer Heide vorbei über die Deutsch-Niederländische Grenze und Schwanenhaus zurück zu unserem Ausgangspunkt, dem Bahnhof Kaldenkirchen bringt.

an **Haus Bey** vorbei in **Hombergen** landen und da endgültig einen Landschaftswechsel erleben. Wir tauchen ein in das dichte Waldgebiet um die **Krickenbecker Seen**. In Hombergen finden wir das **Infozentrum Krickenbecker Seen** mit seiner Biologischen Station am Ufer des **Hinsbecker Bruchs**. Das moderne Zentrum informiert über die Geologie des Nettetals, die heimische Tier- und Pflanzenwelt und vieles mehr. Hier sind der Hinsbecker- und **Glabbacher Bruch** durch die Schlossallee getrennt. Über diese gelangt man mit einem kleinen Ausflug zum **Schloss Krickenbeck**, das wunderschön in einem Park gelegen ist. Leider finden nur alle zwei Jahre Führungen durch das Schloss statt, in dem die West LB eine Bildungsstätte eingerichtet hat. Zurückkehrend auf unseren eigentlichen Weg finden wir uns bald am **Textilmuseum „Die Scheune"** ein, ein ganz heißer Tipp für die Freunde von Spinnen, Weben und Kunst. Aus Hombergen heraus fahren wir durch den dichter werdenden Wald am **Glabbacher Bruch** entlang und treffen, kurz bevor wir an der **Flootsmühle** über die **Renne** und die **Nette** fahren, auf die **Fietsallee am Nordkanal**, der wir nun wie im Kapitel „Kanaltour 2" beschrieben am **Poelvennsee**

Pferdekoppel am Ferkensbruch

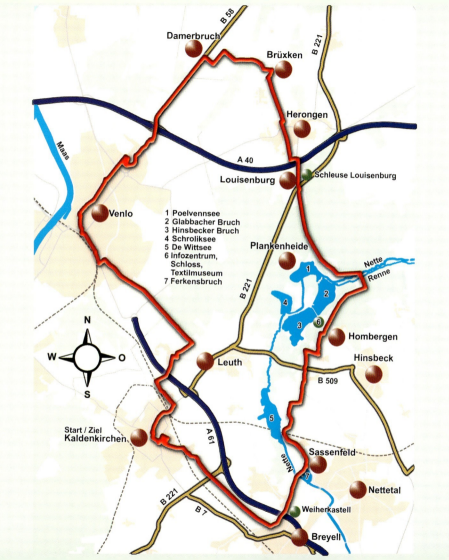

Streckenführung

RW = Radweg

	Start	Bahnhof Kaldenkirchen	0
	weiter	Bahnhofstr., 150 m folgen	0,15
	rechts ab	Bahnhofstr.,540 m folgen	0,69
	weiter	Poensgenstr., 90 m folgen	0,78
	links ab	Schöffengasse, 30 m folgen	0,81
	rechts ab	Straße, 70 m folgen	0,88
	rechts ab	Kirchplatz, 40 m folgen	0,92
	links ab	Kehrstr., 160 m folgen	1,08
	halb rechts	Kehrstr., 100 m folgen	1,18
	links ab	Friedrichstr., 150 m folgen	1,33
		Rokoko-Pavillon	**1,33**
	weiter	Friedrichstr., 60 m folgen	1,39
	rechts ab	Brahmsstr., 150 m folgen	1,54
	rechts ab	Beethovenbstr., 150 m folgen	1,69
	links ab	Zur Lärche, 510 m folgen	2,20
	rechts ab	Am Altenhof, 200 m folgen	2,40
	rechts ab	Am Altenhof, 220 m folgen	2,62
	rechts ab	Am Altenhof, 150 m folgen	2,77
	weiter	Straße, 1,6 km folgen	4,37
	weiter	Windmühlenweg, 900 m folgen	5,24
		Breyell	**5,24**
	links ab	Schmaxbruch, 230 m folgen	5,65
	weiter	Dohrstr., 490 m folgen	6,14
	weiter	Lindenallee, 820 m folgen	6,96
		Nette (Fluss) überqueren	**6,96**
		Gasthaus Lüthemühle / Angelteich	**6,96**
	weiter	Lindenallee, 310 m folgen	7,27
		Sassenfeld	**7,27**
	links ab	Straße, 1,7 km folgen	8,97
		Naturschutzhof	**8,97**
		De-Witt-See (links gelegen)	**8,97**
	rechts ab	Straße, 290 m folgen	9,26
	rechts ab	Am Schönkes Krüz, 260 m folgen	9,52
	links ab	Kuhstr., 270 m folgen	9,79
	weiter	Hamsel, 290 m folgen	10,08
	links ab	Schlöp, 360 m folgen	10,44
		Kreuzung B 509 (Achtung)	**10,44**
	weiter	Johannesstr., 150 m folgen	10,59
	weiter	An Haus Bey, 290 m folgen	10,88
	rechts ab	An Haus Bey, 380 m folgen	11,26

Rundtour 3

		Hombergen	11,26
	links ab	Straße, 520 m folgen	11,78
	links ab	Straße, 290 m folgen	12,07
	rechts ab	Straße, 350 m folgen	12,42
		Hinsbecker- u. Glabbacher Bruch	**12,42**
		Freibad	**12,42**
		Infozentrum Krickenbecker Seen	**12,42**
		Schloss Krickenbeck links gelegen	**12,42**
	rechts ab	Krickenbecker Allee, 200 m folgen	12,62
		Textilmuseum „Die Scheune"	**12,62**
	weiter	Krickenbecker Allee, 200 m folgen	12,82
	links ab	Straße, 1,2 km folgen	14,02
	weiter	Heide, 530 m folgen	14,55
		Fietsallee am Nordkanal	**14,55**
		Flootsmühle (rechts gelegen)	**14,55**
	links ab	Heide, 300 m folgen	14,85
		Renne (Fluss)	**14,85**
	weiter	Heide, 90 m folgen	14,94
		Nette (Fluss)	**14,94**
	links ab	Herscheler Weg, 590 m folgen	15,53

		Glabbacher Bruch / Poelvennsee (l.)	**15,53**
	rechts ab	Herscheler Weg, 2,5 km folgen	18,03
		Louisenburg	**18,03**
		Schleuse Louisenburg	**18,03**
	weiter	Leuther Str., 720 m folgen	18,75
	links ab	Carl-Kühne-Str., 200 m folgen	18,95
	rechts ab	Schlousweg, 800 m folgen	19,75
		Herongen	**19,75**
	links ab	Schlousweg, 140 m folgen	19,89
	rechts ab	Niederdorfer Str., 140 m folgen	20,03
	links ab	Nölkeweg, 100 m folgen	20,13
	rechts ab	Weg, 70 m folgen	20,20
	links ab	Weg, 1,2 km folgen	21,40
	rechts ab	Maasstr., 250 m folgen	21,65
		Brüxken	**21,65**
	links ab	Weg, 1,4 km folgen	23,05
	links ab	Weg, 430 m folgen	23,48
	rechts ab	Weg, 280 m folgen	23,76
		Dammerbruch	**23,76**
	links ab	B 58, 680 m folgen	24,44

		Niederländische Grenze (KN 97)	**24,44**
	weiter	Weseleweg, 1,9 km folgen	26,34
		Venlo	**26,34**
	rechts ab	Arenborgweg, 40 m folgen	26,38
	links ab	Oude Turfstraat, 1,3 km folgen	27,68
	links ab	Straelseweg, 800 m folgen	28,48
	weiter	Kreisverkehr, 50 m folgen	28,53
	rechts ab	Straelseweg, 60 m folgen	28,59
	weiter	Kreisverkehr, 50 m folgen	28,64
	rechts ab	Straelseweg, 610 m folgen	29,25
	weiter	Sint Martinusstr., 310 m folgen	29,56
	weiter	Grote Kerkstr., 120 m folgen	29,68
	links ab	Parade, 290 m folgen	29,97
	weiter	Keulsepoort, 130 m folgen	30,10
		Limburgs Museum	**30,10**
	weiter	Keulsepoort, 40 m folgen	30,14
		Ende der Fietsallee am Nordkanal	**30,14**
	rechts ab	Kreisverkehr, 110 m folgen	30,25
	rechts ab	RW Kaldenkerkerweg, 850 m folgen	31,10
	weiter	RW Kreisverkehr, 60 m folgen	31,16

	rechts ab	RW Groenveldsingel, 130 m folgen	31,29
	weiter	RW Kreisverkehr, 20 m folgen	31,31
	rechts ab	Maagdenbergplein, 40 m folgen	31,35
	weiter	Leutherweg, 2,1 km folgen	33,45
		Deutsche Grenze	**33,45**
	weiter	Weg, 970 m folgen	34,42
		Restaurant Villa Heidsee	**34,42**
	links ab	Am Hotschgraf, 460 m folgen	34,88
	links ab	Am Hotschgraf, 110 m folgen	34,99
		Schwanenhaus	**34,99**
	rechts ab	Deller Weg, 120 m folgen	35,11
	links ab	Am Brandt, 320 m folgen	35,43
	weiter	Dahlweg, 200 m mfolgen	35,63
	links ab	Dahlweg, 310 m folgen	35,94
	links ab	Dahlweg, 340 m folgen	36,28
	weiter	Herrenpfad, 440 m folgen	36,72
	rechts ab	Leuther Str., 150 m folgen	36,87
	weiter	Bahnhofstr., 180 m folgen	37,05
	rechts ab	Bahnhofstr., 150 m folgen	37,20
	Ziel	**Bahnhof Kaldenkirchen**	**37,20**

Streckencharakter

Schwierigkeit: leicht
Die Strecke führt fast vollständig über sichere Radwege und kleine, kaum frequentierte Landstraßen. Nur die Überquerung der B 509 bei Schlöp und die ungesicherte, ca. 800 Meter lange Strecke über den Weselseweg hinter dem Grenzübergang in die Niederlande nach Venlo bedürfen Ihrer besonderen Aufmerksamkeit. Es gibt keine wesentlichen Steigungen.
Die Tour ist familien- und eingeschränkt auch rennradgeeignet.

Streckenprofil

Tourlänge	37,20 km
Min. Höhe:	ca. 17 m
Max. Höhe:	ca. 55 m
Ges. Aufstieg :	ca. 280 m
Ges. Abstieg :	ca. 280 m
Fahrzeit:	ca. 180 Min.

Das Weyerkastell

Das „blaue Band" am Weg

Serviceteil Rundtour 3

Tipp Essen und Trinken

Sassenfeld

Gasthaus Lüthemühle, Lindenallee 50, Tel.: 02153 958369 0, E-Mail: gasthaus@luethemuehle.de, www.luethemuehle.de
Auf der schönen Terrasse des Hotel-Restaurants am Ferkensbruch ließen wir uns auf eine Tasse Kaffee nieder und genossen das schöne Ambiente.

Sehenswürdigkeiten

Breyell

Lambertiturm (Alter Kirchturm), Lambertimarkt
Der alte Kirchturm auf dem Lambertimarkt ist das älteste Bauwerk (ca. 1350 - 1400 erbaut) Breyells.

Weiher Kastell (s. Wegbeschreibung)
Das Kastell ist ein ehemaliger Herrensitz und wurde erstmals im Jahr 1311 erwähnt. Die ersten bekannten Besitzer dieses Gutes waren Angehörige des weit verzweigten Adelsgeschlechtes derer von Krickenbeck. Nach Zerstörungen im Dreißigjährigen Krieg mussten die Besitzer von Kamphausen ein neues Herrenhaus errichten, das auch heute noch besteht. In den letzten Jahren wurde das Weyer-Kastell mit Unterstützung des Landschaftsverbandes Rheinland restauriert. Das Kastell ist in Privatbesitz und leider nicht zu besichtigen.

Hombergen

Infozentrum Krickenbecker Seen, Krickenbecker Allee 36
Tel.: 02153 912909, www.bsks.de/infozentrum.html
2005 wurde das Infozentrum umgebaut und modernisiert. Über audiovisuelle Medien erfahren Sie hier alles über das Naturschutz- und Europäische Vogelschuzgebiet Krickenbecker Seen. Besonderheiten: geführte Wanderungen durch das Naturschutzgebiet
Öffnungszeiten: Apr.-Okt. Mi.-So. 11.00-18.00 Uhr, Nov.-Mär. Mi.-So. 11.00-17.00 Uhr
Eintritt frei

Schloss Krickenbeck (s. Wegbeschreibung)
Das Schloss und die Vorburgen lassen sich bis zur Mitte des 13. Jahrhunderts zurückdatieren. Heute ist das Schloss in Besitz und Nutzung der West LB. Alle zwei Jahre findet ein Tag der offenen Tür statt, an welchem Schloss- und Parkanlage von interessierten Besuchern besichtigt werden können. Nach dem vergangenen Termin am 24. August 2008 ist die nächste Besuchsmöglichkeit für die Öffentlichkeit erst 2010 wieder gegeben.

Textilmuseum „Die Scheune" (s. Wegbeschreibung)
Ausstellungen und Führungen
Hier werden in wechselnden Ausstellungen Zeugnisse aus der Entwicklungsgeschichte der niederrheinischen Textilmanufaktur und -Industrie gezeigt, vorgeführt und erläutert.
Führungen bedürfen der Anmeldung.

Tipp: Für ältere Schülerinnen, Schüler und Erwachsene können Themen wie z. B. „Industrialisierung" oder „die soziale Lage der Textilarbeiter" in die Führungen ebenso eingeschlossen werden, wie der „Einfluss der Textilarbeiten auf unsere Sprache".
Öffnungszeiten 2009: 26. Apr.-25. Okt. jeden So. 11.00–18.00 Uhr
Eintritt: für normale Besuche frei; Führungen kostenpflichtig
Weitere Informationen erhalten Sie über die NetteAgentur, Nettetal-Lobberich, Doerkesplatz 3, 41334 Nettetal, Tel.: 02153 9588 0, www.nettetal.de

Kaldenkirchen

Sequoiafarm und geo-hydrologischer Wassergarten, Buschstr. 98
Die Sequoiafarm ist ein wertvolles Arboretum (Baummuseum) und wird heute als Biologische Station genutzt.
Nahe der Sequoiafarm im Kaldenkirchener Grenzwald ist auf einer Fläche von 10.500 Quadratmetern der geo-hydrologische Wassergarten entstanden. Unter anderem erhält man hier Informationen über die Entstehung des Landschaftsraumes linker Niederrhein. Dargestellt werden z.B. die Landschaftsformen Heidemoore, Bruchwald, Teich mit Schilfröhricht, die hier häufig anzutreffen sind. Vieles andere ist hier noch zu erfahren.
Öffnungszeiten: 1. Mär.-31. Okt., Mo.-So. 9.00–19.00 Uhr
Eintritt: frei.
Weitere Informationen erhalten Sie bei der NetteAgentur unter Tel.: 02153 9588 0 oder bei den Stadtwerken Nettetal (www.stadtwerke-nettetal.de).

Rokokopavillon, Friedrichstr. 22a
Das in der zweiten Hälfte des 18. Jahrhundert erbaute Rokoko-Gartenhaus des reichen Wein- und Lumpenhändlers Johann Hermann Poensgen ist architektonisches Zeichen für die wirtschaftliche und kulturelle Blüte der reformierten Kaufmanns- und Unternehmerfamilien in Kaldenkirchen.

Naturpark Maas-Schwalm-Nette (Text s. Wegbeschreibung)
Im Naturpark informieren 21 Besucherzentren über Landschaft, Kunst, Natur, Kultur und Geschichte. Zahlreiche Exkursionen und Aktivitäten werden angeboten.

Netteseen (Text s. Wegbeschreibung)
Die Netteseen bestehen heute aus den Krickenbecker Seen: Poelvenn, Schrolik, Glabbacher Bruch und Hinsbecker Bruch sowie aus den Nettetaler Seen: De- Witt-See, Ferkesbruch, Windmühlenbruch, Nettebruch und Breyeller See.

Sassenfeld
NABU Naturschutzhof Nettetal, Sassenfeld 200, Tel.: 02153 89374
E-Mail: naturschutzhof@web.de, www.nabu-krefeld-viersen.de
Ausstellung im Außengelände und Führungen

Der Naturschutzhof Nettetal grenzt an das Europäische Vogelschutzgebiet Krickenbecker Seen. Sie erfahren hier an Beispielen viel über naturnahe Landnutzung und Gartengestaltung. Besonderheiten: Pflanzenbörse im Frühjahr und Herbst; Erntedankfest mit Obstverkauf; Räumlichkeiten für Seminare und Lehrerfortbildung; rollstuhlgerechter Hochteich
Öffnungszeiten: Mo.-Do. 8.00-16.00 Uhr, Fr. 8.00-14.30 Uhr, von Mai-Okt. auch So. 11.00-17.00 Uhr

Venlo (s. Kapitel Kanaltour 3 und Rundtour 4)

Radservice

Breyell
I. Fretz, Lobbericher Str. 36, Tel.: 02153 71461

Hinsbeck
Bernhard Mikmak, Wingesberg 16, Tel.: 02153 912930

Kaldenkirchen
Herbert Wende, Bahnhofstr. Tel.: 02157 4258

Nettetal
Zweirad Backes, An St. Sebastian 40, Lobberich, Tel.: 02153 405405
Klitsie Fahrräder, Rosental 35, Lobberich, Tel.: 02153 800434

Straelen
Zweiradcenter van de Stay, Ostwall 10, Tel.: 02834 91888
Zweiradtreff Zand, Venloer Str. 37, Tel.: 02834 944894

Venlo
Bahnhof Venlo, Stationsplein 1, Tel.: 003177 3526248
Profile Metropool de Fietsspecialist, Straelseweg 27c, Tel.: 003177 3549944
Tweewielers M. van Vegchel, Straelseweg 204, Tel.: 003177 3514584

Typisches Anwesen am Kanalverlauf

Rundtour 4
Venlo - Beringe - Venlo

Eine Burgenstadt, Missionare und ein dichter Wald

Den Verlauf des ersten Teilabschnitts dieser Rundtour mit ihren Sehenswürdigkeiten und Besonderheiten entlang des Nordkanals wurde bereits im Kapitel „Kanaltour 3" beschrieben. So wäre eine Beschreibung des Teiles vom Start in Venlo bis zum Anfang des schiffbaren Teils der Noordervaart in Beringe hier verschenkter Raum. In der nachfolgenden Fahrtabelle ist jedoch selbstverständlich die gesamte Tour notiert.

Wir nehmen die Fahrtbeschreibung somit in **Beringe** an der **Rotonde Bonaparte** auf. Wir radeln am Ortsrand von Beringe entlang, erreichen dort den **Knotenpunkt 06** und ab da geht es durch Äcker, Wiesen und Felder hindurch über den **Knotenpunkt 22** in den Doppelort **Helden-Panningen** hinein. Im Unterschied zu den anderen Orten der Umgebung, die eher landwirtschaftlich geprägt sind, gibt es hier eine Reihe von kleinen und mittleren Industrie- und Handelsbetrieben, die den Ort zum Wirtschafts-, Einkaufs- und Bildungszentrum der Region machen. Die Geschichte des Ortes ist wechselvoll; zuerst wurde er 1279 als Besitz der „Herrlichkeit Kessel" erwähnt, wurde im 17. Jahrhundert Sitz eines bedeutenden Schöffengerichts, der sogenannten Schepenbank, fiel im frühen 18. Jahrhundert an das Königreich Preußen und schließlich von 1789 bis 1815 unter französische Besatzung. Von 1830 bis 1840 war die Stadt belgisch und fiel danach wieder in die niederländische Herrschaft. Ganz besonders litt der Ort im Zweiten Weltkrieg unter den Repressalien der Deutschen Besatzer. 1944 wurde die Stadt nach schweren Kämpfen von den Alliierten erobert, blieb dennoch bis zum März 1945 Frontstadt. Erst Anfang der 1950er Jahre nahm die Stadt ihren Aufschwung und entwickelte sich zu dem, was sie heute ist. Einen tieferen Einblick in die Geschichte der Region erhält man im **Streekmuseum `t Land van Peel en Maas**.

Nach einer ca. vier Kilometer langen Fahrt über flaches Land, erreichen wir ein dichtes Waldgebiet: Die **Kesselse Bergen**, ein Teilstück der **Heldense Bossen** (Wälder) die weit und breit das Land bedecken. An einer **Baumschule** vorbei, den **Knotenpunkt 62** passierend geht es immer tiefer hinein in den Wald. Die Fahrbahn ist erdig, aber fest und wir kommen dadurch ein wenig langsamer voran. Das stört jedoch nicht weiter, denn hier im Grünen atmen wir tief die Waldluft ein und genießen den Wechsel der Landschaft.

Das Missionshaus Steyl

Vier Kilometer lang durchqueren wir die nord-östliche Spitze des Waldes und fahren dann kurz vor **Baarlo**, das im 11. Jahrhundert zum ersten Mal erwähnt wurde, aus ihm hinaus. Bald ist der Ort erreicht. Und sie ist ein ganz besonderer Höhepunkt auf unserer Fahrt. Nicht weniger als fünf Burgen und Schlösser gibt es in Baarlo und um Baarlo herum. Das sind das Kasteel d' Erp, das Kasteel de Berckt, das Chateau de Raay, das Schloss Scheres und das Schloss Roffaert.

Mitten im Ort steht in einem sehr schön angelegten **Park** an der alten **Wassermühle Baarlo**, die restauriert und vollständig funktionstüchtig ist, das **Kasteel d`Erp**. Es blickt auf eine bewegte Geschichte zurück, wurde im Lauf der Jahrhunderte mehrfach gestürmt und geplündert – unter anderem 1473 von Karl dem Starken. Im 17. Jahrhundert wurde das Schloss von Grund auf restauriert und bekam sein heutiges Aussehen; doch verfiel es zwischenzeitlich, bis man es 1972 wieder aufbaute. Erhalten ist bis heute der Torturm, der wahrscheinlich aus der Bauzeit des Schlosses im 13. Jahrhundert stammt. Heute ist das Gebäude im privaten Besitz und nicht zu besichtigen.

Weiter führt unser Weg auf die Maas zu; die Flächen werden hier überwiegend für Obst und Gemüseanbau genutzt und es ist ein beschauliches Fahren auf richtig guten asphaltierten Wegen. Am **Knotenpunkt 59** erreichen wir das in einem ca. 14 Hektar großen Park gelegene, im 12. Jahrhundert gebaute **Kasteel de Berckt**, welches heute ein Tagungshotel mit Außengastronomie beherbergt.

Ein wenig weiter fahren wir nun an der **Maas** entlang, bis wir auf deren gegenüberliegenden Seite das aus Backstein erbaute Missionshaus Steyl mit seinen beiden Türmen erblicken. Um dorthin zu gelangen, müssen wir mit der **Autofähre Steyl-Baarlo** übersetzen; eine solche Überfahrt ist immer ein besonderes Vergnügen, zumal dann, wenn uns eine Sehenswürdigkeit wie das **Klosterdorf Steyl** erwartet.

Hier angekommen geht es erst einmal den **Veerweg** hoch, wo wir linker Hand auf die Terrasse des Ausflugsrestaurants `**t Vaerhóes** treffen. Gerne binden wir dort unsere Drahtesel an und nehmen Platz, um einen kleinen Imbiss einzunehmen und zusammen mit zahlreichen anderen Ausflüglern die Atmosphäre des Platzes um das Missionshaus auf uns wirken zu lassen. Dunkel, riesig und ein wenig

Im Park an der Wassermühle von Baarlo

erdrückend steht es da neben unserem kleinen freundlichen Restaurant, und es scheint uns, als würde es 1000 Geheimnisse bergen. Tut es in gewisser Weise auch, denn im Mutterhaus der Steyler Missionare gibt es das **Missionsmuseum Steyl** (Missie Museum). Das Innere dieses Museums wurde seit 1931 nicht mehr verändert, und so ist es in sich schon ein Museum, vermittelt es dem Besucher doch die Atmosphäre und Denkweise dieser Zeit. Aber dies ist nur ein Aspekt. Die völkerkundliche und naturhistorische Ausstellung wurde nämlich ausschließlich von den weltweit operierenden Missionaren bestückt, und so entstand hier im kleinen Ort an der Maas eine Wunderkammer mit Schätzen und Kuriositäten aus aller Welt.

Wer aber sind die Steyler Missionare? Interessanterweise wurde der Orden von einem Deutschen gegründet, dem 2003 heilig gesprochenen Arnold Jansen. Der gründete hier am 8. September 1875 die „Gesellschaft des Göttlichen Wortes". Dies wäre in den 1870er Jahren in Deutschland nicht möglich gewesen, denn es herrschte der sogenannte Kulturkampf, dessen Folge die Trennung von Staat und Kirche in Deutschland war. So blieb es bei dem Standort Steyl und die Missionare zogen und ziehen von hier aus in alle Welt und verkünden dort, wo die Kirche sie hinschickt, die Botschaft des Evangeliums.

Wir fahren weiter und sehen nach ein paar hundert Metern auf der linken Seite das **Kloster der Steyler Missionsschwestern**, dem ebenfalls von Jansen gegründeten Orden.

Und nun geht es immer an der **Maas** entlang. Der 925 Kilometer lange Fluss entspringt in Frankreich und durchfließt Belgien und die Niederlande, bis er ins „Hollandse Diep" mündet.

Wir durchfahren das sich lang hinziehende **Maasveld**, das uns grün und breit umgibt vorbei an **Tegelen**, sehen Schafherden weiden, Jogger ihren Feierabendlauf unternehmen und teilen unseren Radweg auf dem Damm mit einer, je näher wir unserem Ausgangsort Venlo kommen, zunehmenden Zahl von Radfahrern. Und dann taucht die **Maasbrücke** vor uns auf, die wir vor ein paar Stunden überqueren. Schnell ist der **Bahnhof** gefunden, aber wir nehmen uns noch die Zeit, ein wenig Sightseeing in der schönen **Altstadt** mit ihren verwinkelten Gassen, den zahllosen Kneipen und den vielen Sehenswürdigkeiten zu betreiben, bevor wir uns auf den Heimweg machen.

Das Kasteel De Berckt

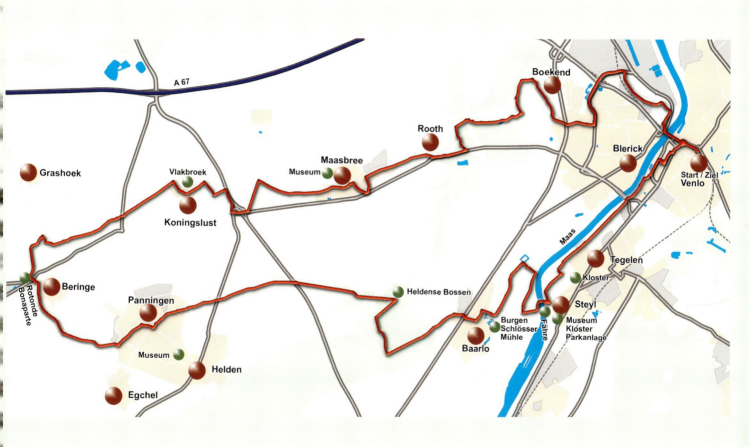

Streckenführung

RW = Radweg; (1) = Henriette Roland Holstlaan; (2) = Burgemeester Gommansstraat; (3) = Grote Achter Kockersweg

	Start	Bahnhof Venlo	0
	weiter	Stationsplein, 40 m folgen	0,04
	links ab	Kreisverkehr, 50 m folgen	0,09
	links ab	RW Koniginnensingel, 340 m folgen	0,43
	weiter	Kreisverkehr, 70 m folgen	0,5
		Knotenpunkt 10	**0,5**
	rechts ab	Weg an Bahndamm, 280 m folgen	0,78
		Eisenbahnbrücke über die Maas	**0,78**
	weiter	über Brücke, 150 m folgen	0,93
	weiter	RW, 180 m folgen	1,11
	rechts ab	RW, 20 m folgen	1,13
	rechts ab	Garnizoenweg, 360 m folgen	1,49
	links ab	Horsterweg, 270 m folgen	1,76
	links ab	Horsterweg, 1,3 km folgen	3,06
		Knotenpunkt 06	**3,06**
		Blerick	**3,06**
	links ab	RW Groot-Bollerweg, 760 m folgen	3,82
	weiter	RW H. Roland Holstl.(1), 410 m folgen	4,23
	weiter	Kreisverkehr, 40 m folgen	4,27
	rechts ab	RW H. Roland Holstl., 230 m folgen	4,50
	weiter	Kreisverkehr, 40 m folgen	4,54
	rechts ab	RW H. Roland Holstl., 60 m folgen	4,60
	weiter	Kreisverkehr, 20 m folgen	4,62
	rechts ab	RW B. Gommansstr. (2), 170 m folgen	4,79
	weiter	RW Mulkenshofweg, 510 m folgen	5,30
	halb rechts	über A 73, 60 m folgen	5,36
	links ab	Weg, 480 m folgen	5,84
		Boekend	**5,84**
	weiter	Heymansstr., 340 m folgen	6,18
	halb links	Heymansstr., 470 m folgen	6,65
	links ab	Geliskensdijkweg, 120 m folgen	6,77
	links ab	Sitterskampweg, 760 m folgen	7,53
	weiter	Nellenweg, 350 m folgen	7,88
	rechts ab	Kockersweg, 470 m folgen	8,35
	weiter	Gr. A. Kockersweg. (3), 970 m folgen	9,32
	halb links	Weg, 300 m folgen	9,62
	links ab	Weg, 260 m folgen	9,88
		Knotenpunkt 79	**9,88**
		Rooth	**9,88**
	links ab	Straße, 380 m folgen	10,26

	Knotenpunkt 73	**10,26**
rechts ab	RW Provincialeweg, 840 m folgen	11,10
rechts ab	RW Venloseweg, 1,7 km folgen	12,80
	Maasbree	**12,80**
links ab	Wilhelminalaan, 360 m folgen	13,16
	Knotenpunkt 61	**13,16**
weiter	Kreisverkehr, 40 m folgen	13,20
rechts ab	Radweg, 50 m folgen	13,25
weiter	Baarlosestr., 380 m folgen	13,63
links ab	Dorpstr., 500 m folgen	14,13
weiter	Westeringlaan, 1,9 km folgen	16,03
	Knotenpunkt 67	**16,03**
links ab	Sevenumsedijk, 790 m folgen	16,82
rechts ab	RW N 275, 380 m folgen	17,20
rechts ab	RW Maasbreeseweg, 40 m folgen	17,24
links ab	Straße, 250 m folgen	17,49
rechts ab	Straßenüberquerung, 50 m folgen	17,54
links ab	RW Middenpeelweg, 290 m folgen	17,83
links ab	Straße, 330 m folgen	18,16
rechts ab	De Koningstr., 350 m folgen	18,51
	Koningslust	**18,51**
links ab	Poorterweg, 960 m folgen	19,47
	Knotenpunkt 52	**19,47**
links ab	De Brentjes, 1,5 km folgen	20,97
weiter	Vliegertsdijk, 140 m folgen	21,11
links ab	Heide, 1,7 km folgen	22,81
rechts ab	Kaumeshoek, 400 m folgen	23,21
links ab	Hoogstr., 180 m folgen	23,39
	Knotenpunkt 12	**23,39**
weiter	Hoogstr., 750 m folgen	24,14
	Beringe	**24,14**
links ab	Meyelseweg, 80 m folgen	24,22
	Ende der Fietsallee am Nordkanal	
rechts ab	Rotonde Bonaparte, 40 m folgen	24,25
rechts ab	Kanaalstr., 130 m folgen	24,38
rechts ab	Peelstr., 440 m folgen	24,82
	Knotenpunkt 06	**24,82**
weiter	Peelstr., 980 m folgen	25,80
	Knotenpunkt 22	**25,80**
links ab	Heibloernseweg, 30 m folgen	25,83
rechts ab	Zelen, 750 m folgen	26,58
halb rechts	Zelen, 540 m folgen	27,12

halb rechts	Zelen, 80 m folgen		27,20
	Panningen		**27,20**
links ab	Kerkstr., 180 m folgen		27,38
weiter	Kreisverkehr, 30 m folgen		27,41
rechts ab	Kerkstraat, 540 m folgen		27,95
rechts ab	Schoolstr., 80 m folgen		28,03
weiter	Markt, 110 m folgen		28,14
weiter	Ruijsstr., 120 m folgen		28,26
links ab	RW Beekstr., 740 m folgen		29,00
rechts ab	Zandbergweg, 2,9 km folgen		31,90
weiter	Weg, 2,2 km folgen		34,10
	Knotenpunkt 62		**34,10**
weiter	Weg, 320 m folgen		34,42
rechts ab	De Meeren, 630 m folgen		35,05
links ab	Weg, 310 m folgen		35,36
links ab	Weg, 630 m folgen		35,99
	Knotenpunkt 57		**35,99**
links ab	Weg, 1,3 km folgen		37,29
	Baarlo		**37,29**
weiter	Heierhof, 370 m folgen		37,66
weiter	Schuttenhof, 150 m folgen		37,81
weiter	Scheresweg, 80 m folgen		37,89
rechts ab	Bong, 290 m folgen		38,18
rechts ab	Kerkveldstr., 70 m folgen		38,25
links ab	Albert Neuhuysstr., 300 m folgen		38,55
links ab	Hoogstr., 190 m folgen		38,74
	Molen van Baarlo; Kasteel d´ Erp		**38,74**
	Knotenpunkt 58		**38,74**
weiter	Marktstr., 90 m folgen		38,83
rechts ab	Maasstr., 350 m folgen		39,18
links ab	Vergelt, 180 m folgen		39,36
links ab	Ingweg, 330 m folgen		39,69
weiter	De Berckt, 940 m folgen		40,63
	Kasteel de Berckt		**40,63**
rechts ab	Straße, 150 m folgen		40,78
	Knotenpunkt 59		**40,78**
weiter	Straße, 250 m folgen		41,03
	Maas (Fluss)		**41,03**
rechts ab	Straße, 990 m folgen		42,02
	Knotenpunkt 04		**42,02**
links ab	Vergelt, 350 m folgen		42,37
links ab	Vergelt, 190 m folgen		42,56

Rundtour 4

🟢		**Autofähre Baarlo - Steyl**	**42,56**	🟢		**Knotenpunkt 08**	**46,48**
⬇	weiter	über die Maas, 130 m folgen	42,69	🟢		**Venlo**	**46,48**
🟢		**Steyl**	**42,69**	🟢		**Viecuri Medisch Centrum Venlo**	**46,48**
⬇	weiter	Veerweg, 160 m folgen	42,85	⬇	weiter	Radweg an der Maas, 460 m folgen	46,49
🟢		**Missie Museum Steyl**	**42,85**	↱	rechts ab	Radweg an der Maas, 610 m folgen	47,55
⬅	links ab	Sint Michaelstr., 290 m folgen	43,14	↱	rechts ab	Anne Frankstr., 90 m folgen	47,64
🟢		**Tegelen**	**43,14**	↱	rechts ab	Anne Frankstr., 50 m folgen	47,69
↱	halb rechts	Kloosterstr., 400 m folgen	43,54	⬅	links ab	Anne Frankstr., 70 m folgen	47,76
🟢		**Klooster Steyl**	**43,54**	⬅	links ab	Anne Frankstr., 310 m folgen	48,07
⬇	weiter	Kloosterstr., 190 m folgen	43,73	↱	rechts ab	Walstr., 60 m folgen	48,13
⬅	links ab	Valeriaan, 80 m folgen	43,81	⬅	links ab	RW Roermondsestr., 390 m folgen	48,52
↱	halb rechts	Radweg an der Maas, 1,0 km folgen	44,81	🟢		**Knotenpunkt 10**	**48,52**
↱	rechts ab	Watermunt, 10 m folgen	44,82	↱	rechts ab	RW Koninginnensingel, 340 m folgen	48,86
⬅	links ab	Watermunt, 770 m folgen	45,59	↱	rechts ab	Stationsplein, 40 m folgen	48,90
	weiter	Straße, 890 m folgen	46,48	🔴	**Ziel**	**Bahnhof Venlo**	**48,90**

Streckencharakter

Schwierigkeit: leicht
Die Strecke ist zum großem Teil über sehr gut befahrbare Radwege geführt. Auch solche Abschnitte, in denen der Untergrund erdig ist sind für alle Räder gut zu bewältigen. Steigungen gibt es nicht. Die Tour ist familien- und eingeschränkt auch rennradgeeignet.

Streckenprofil

Tourlänge	48.9 km
Min. Höhe:	ca. 9,00 m
Max. Höhe:	ca. 40 m
Ges. Aufstieg :	ca. 370 m
Ges. Abstieg :	ca.370 m
Fahrzeit:	ca. 180 Min.

In Baarlo

Serviceteil Rundtour 4

Tipp Essen und Trinken
Steyl
Café Restaurant `t Vaerhóes, Veerweg 18, Tel.: 0031(0)77 3734495, www.vaerhoes.nl
Auf der schönen Terrasse des gemütlichen, kleinen Restaurants nahmen wir im Schatten des Klosters Steyl einen „typisch holländischen" Saté-Spieß zu uns.

Sehenswürdigkeiten
Steyl
Botanischer Garten Jochumhof
Masshoek 2b, Tel.: 0031(0) 77 321 00 12
www.jochumhof.nl

St. Michael – Parkanlage der Steyler Missionare
St. Michaelstraat 7, Tel.: 0031(0)77 326 14 99
E-Mail: missiemuseumsteyl.nl, www.steyler.de
Der Park von St. Michael gehört zu den besonderen Sehenswürdigkeiten von Steyl. Seine natürliche Erscheinungsform gibt ihm ein ganz eigenes Ambiente von Stille und Harmonie. Die Anlagen stammen aus den frühen Zeiten des Missionshauses. Dazu gehören mehrere Grotten, die Anfang des 20. Jahrhunderts angelegt wurden. Ein viel besuchter Ort im Park ist der Friedhof. Hier steht eine kleine Kapelle, mit einem lebensgroßen Jesus-Mosaik, welches aus Steinen aus allen fünf Kontinenten gefertigt wurde.

Missionsmuseum Steyl (Text s. Wegbeschreibung)
St. Michaelstraat 7, Tel.: 0031(0)77 326 14 99
E-Mail: missiemuseumsteyl.nl, www.steyler.de
Öffnungszeiten: 21. Mär.-31. Okt Di.-Sa. 11.00-17.00 Uhr
Sonn- und Feiertage 13.00-17.00 Uhr

Baarlo

Kasteel d´Erp, Baron van Erplaan 1 (Text s. Wegbeschreibung)
Kasteel de Berckt, De Berckt 1(Text s. Wegbeschreibung)
Tel.: 0031 (0)77 47713 85, E-Mail: info@berckt.nl, www.kasteeldeberckt.nl
Chateau de Raay (ca. 1236 erbaut), Raayerveldlaan 6
Tel.: 0031(0)77 3214000, E-Mail: info@chateauderaay.nl, www.chateauderaay.nl
Das Schloss ist heute vollständig restauriert und beherbergt ein Hotel/Restaurant (Sandton Château de Raay). Zwischen 1939 und 1999 diente es als Nonnenkloster.
Schloss Scheres, Napoleonsbaan Zuid 12
Auch bekannt unter dem Namen d'Olne, es wurde 1860 gebaut. Hier wohnt die Familie des Künstlers Tajiri. Das Schloss ist nicht zu besichtigen.
Schloss Roffaert, de Roffart 5
Die Mühle von Baarlo (Text s. Wegbeschreibung)

Helden

Streekmuseum `t Land van Peel en Maas, Aan de Koeberg 3
Tel.: 0031(0)77 3081555, E-Mail: info@museumpeelenmaas.nl
www.museumpeelenmaas.nl
Das Museum zeigt die Geschichte der Region in fünf spannenden Präsentationen und Ausstellungen.
Hier wird über das Leben und die Arbeit der Bauern und Arbeiter und von den Mythen, Sagen, Märchen und Legenden der Gegend berichtet. Das Museum befindet sich in der ehemaligen Klosterkirche Bosch. Jeder Raum im Museum hat seine eigene Atmosphäre mit einem anderen Thema. Man hat großen Wert auf spielerische Elemente für Kinder gelegt.

„De Snep" (die Schnepfe)
Ein kleines Naturgebiet, im dem Dreieck gelegen, wo die Helenwaart in die Noordervaart mündet. Der ursprüngliche Tümpel ist teilweise mit Sand bedeckt und hat eine besondere Flora und Fauna. Ein Ausflug lohnt sich!

Koningslust

Vlakbroek, Naturschutzgebiet (Text s. Wegbeschreibung)

Das Gemeindehaus von Maasbree

Radservice

Helden
Welten Tweewielers, Van Hövellstraat 72/74, Tel.: 0031(0)77 3071529

Maasbree
Hubo, Dorpstraat 71, Tel.: 0031(0)77 4652674

Nederweert
Bike Totaal Jan Driessen Fietsen, Kerkstraat 74/B, Tel.: 0031(0)495 625195
Budget Bikes Vaessen, Kapelaniestraat 1b, Tel.: 0031(0)495 632366

Ospel
Donkers Fietsverhuur, Meijelsedijk 19, Tel.: 0031(0)495 641235

Venlo
NS-Station, Stationsplein, Tel.: 0031(0)77 3526248

Rundtour 5
Weert – De Groote Peel – Weert

Die Zuid-Willemsvaart bei Eind

Von Wasserwegen und Hochmooren

Auch für diese Tour ist der am Nordkanal verlaufende Teil bereits im Kapitel Kanaltour 3 beschrieben und so verzichten wir auf die Landschafts- und Ortsbeschreibungen für diesen Abschnitt. Allerdings fahren wir die Fietsalle heute in umgekehrter Richtung, also von Weert aus, was Sie in der folgenden Fahrtabelle sehen können. Dies hat natürlich seinen Grund: Es gibt an der ganzen Strecke bis Weert keinen anderen Bahnhof, den Sie von Venlo oder von Deutschland aus erreichen können.

Wie im vorangegangenen Kapitel starten wir unsere Beschreibung an der **Rotonde Bonaparte in Beringe**. Diesmal fahren wir von hier aus in nördlicher Richtung. Am **Knotenpunkt 12** kurz hinter Beringe geht unser Weg über die **Lorbaan** weg von der Fietsallee und wir befahren neues Land. Von Weitem sehen wir den Kirchturm des Ortes **Grashoek** in den satten Feldern liegen, die unseren Weg säumen.

In dem kleinen Bauernort kehren wir uns am **Knotenpunkt 21** nach Norden und bewegen uns über den **Helenaveense Weg** auf **Belgenhoek** zu. Äcker, Pferdekoppeln und kleine Gehöfte bestimmen hier das Bild, bis wir am **Knotenpunkt 29** links in ein **Waldstück** hineinfahren und einen Landschaftswechsel bemerken. Rund 300 Meter rechts von uns verläuft nämlich der Kanal Helenavaart und wir sehen, wenn

Am Kanal Van Deurne

wir aus dem Wald herausfahren, dass in einiger Entfernung parallel zu uns sich ein gerader Streifen von Laubbäumen durch die Landschaft zieht. Sie begleiten den Lauf des Kanals, der im ca. acht Kilometer entfernten Ort Griendtsveen beginnt. Von dort bis zu unserem jetzigen Standpunkt erstreckt sich ein großes Moorgebiet, das sich aufteilt in das Deurnsche Peel und das Mariapeel. Im 19. Jahrhundert wurde dieses Gebiet erschlossen. In ihm wurde der Torf gestochen und die Helenavaart wurde ebenso wie der Kanal Van Deurne hindurchgelegt, um den Torf abzutranportieren und das Gebiet zu entwässern.

Heute wird das gesamte Gebiet als Erholungslandschaft genutzt; es ist durchzogen mit Wander- und Radwegen, im September blüht die Heidelandschaft voll auf und es ist ein Genuss, hier einen Ausflug zu unternehmen. Der Kanal macht einen rechtwinkligen Knick, den unser Weg in der gleichen Entfernung wie bisher nachvollzieht, bis er uns nach rechts zum **Knotenpunkt 09** und damit direkt über den Kanal führt. Nicht nur über die **Helenavaart**, sondern auch über den **Kanal Van Deurne**, der seit dem Knick neben der Helenavaart herläuft. Wir tauchen ein in eine ganz und gar verwunschene Kanallandschaft, schauen von der Brücke nach links und rechts und sehen den geraden Lauf des Wassers durch den dichten Mischwald. Das Licht des Himmels und dessen Spiegelung im Wasser bilden zwischen den dunklen, dicht stehenden Bäumen ein perfektes helles X und an den Uferböschungen stehen Schilfrohre zwischen denen die Frösche springen; wir bleiben stehen und träumen uns in diese Landschaft hinein, hören dem Gesang der Vögel zu und sind so verzaubert, dass wir fast das Weiterfahren vergessen.

Aber es wartet ja noch einiges auf uns, wir reißen uns von diesem Anblick los und fahren nun etwa 1,5 Kilometer am Kanal Van Deurne entlang, bis wir in **Meijel** über eine **hölzerne Fahrradbrücke** auf den **Heldensdijk** abbiegen. Wir fahren mitten durch Meijel hindurch, an der Kirche und dem Gemeindehaus vorbei. Es ist Mittag, die Menschen nehmen genüsslich ihren Lunch ein, und die Kinder werden auf ihrem Weg nach Hause von Schülerlotsen über die Straße geleitet. Für uns Städter ist es immer wieder faszinierend, diese bei aller Geschäftigkeit so ruhigen und geregelten Abläufe in den kleinen Orten zu beobachten. Wir nehmen uns Zeit, setzen uns an eines der kleinen Cafés und schlagen unsere Radkarte auf, um noch einmal nach dem Weg zu schauen. Sehen wir unseren jetzigen Standpunkt auf der Karte, fällt auf, das Meijel mitten in einem Flickenteppich von grünen und hellbraunen Flächen liegt, und im Norden die großen braun eingezeichneten Moorgebiete liegen.

Eines davon ist unser nächstes Ziel: der **„Nationaal Park de Groote Peel"**. Wir fahren aus der Stadt hinaus und sind schnell wieder in richtig ländlicher Umgebung. Schmale Straßen, die kaum befahren sind führen an Häusern und Gehöften vorbei, die einzeln in die flache Landschaft gestreut sind; alte Alleebäume säumen unseren Weg und wir nähern uns langsam dem Nationalpark. Knapp einen Kilometer hinter Meijel überqueren wir eine größere Landstraße und dort sind wir am Ostzipfel des Nationalparks angelangt. Immer am Rande des Parks vorbei geht es nun über den **Meijelsedijk** nach **Ospeldijk** und dann ist es nur noch eine kurze Strecke, bis wir am südlichsten Zipfel des Parks am Eingang zum Nationalpark stehen. Schräg gegenüber befindet sich das große **„Bezoekerscentrum Mijl op Zeven"**, in dem es neben vielfältigen informationen auch einen guten Imbiss gibt. De Groote Peel ist ein international anerkanntes „Wetland" und seit 1993 anerkannter Nationalpark. Hier brüten hunderte von Vogelarten und zahlreiche Zugvögel überwintern oder rasten hier im Frühling und im Herbst. Der größte Teil des 1500 Hektar großen Hochmoores ist während der Brutsaison und im Winter wegen der Zugvögel-Rast für Besucher gesperrt. Dann sind nur drei Wanderwege freigegeben, unter anderem „Knüppelwege" über die Moorflächen. Dennoch sind die Beobachtungsmöglichkeiten hier sehr gut, besonders in der **Vogelbeobachtungshütte am Meersblaak**, wo bei den durch den Torfabbau freigelegten Baumstümpfen die Lachmöwen nisten und einen Höllenlärm veranstalten. – Solche Naturerlebnisse und die Landschaft, die aus Wasser, Sumpf, Heide und kleinen Waldgebieten besteht, machen den Besuch des Nationalparks zu einem unbedingten Muss.

Der Rest der Tour ist schnell erzählt: nur noch auf gut asphaltierten, sicheren Straßen geht es jetzt in südlicher Richtung durch das flache Bauernland vom **Knotenpunkt 05** in **Ospeldijk** über **Ospel** zum **Knotenpunkt 01** an der **Zuid-Willemsvaart.** Wir überqueren diesen Kanal und umfahren Nederweert über den kleinen Ort **Boekel**. Es hat uns einen riesen Spaß gemacht, unsere Räder auf dieser Strecke einmal richtig wie im Rennen auszufahren, denn auf dieser flachen Strecke gibt es keinen nennenswerten Verkehr und es gab auch keinen Gegenwind; wir ließen Landschaft Landschaft sein und traten in die Pedale bis nichts mehr ging. Doch einen Stopp gab es noch: Nachdem wir die **A 2** unterquert hatten, sahen wir ein wenig rechts von unserem Weg eine alte, weiße **Windmühle** stehen, der wir dann noch einen Besuch abstatteten; es ist die **Molen Sint Antonius**, wo der Müller jeden Mittwoch und Samstag Mittag Mehl verkauft und für Bauern, Schlachter und Bäcker mahlt. Kurz darauf landen wir wieder in Weert und sind schnell zurück an unserem Ausgangspunkt, dem Bahnhof, von wo wir per Bus oder Bahn nach Hause zurückfahren.

Im „Nationaal Park De Groote Peel"

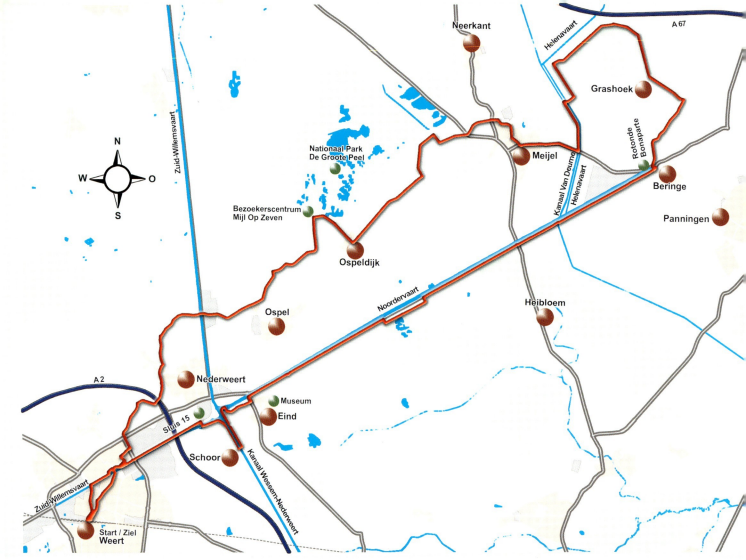

Streckenführung

RW = Radweg

		Start	Bahnhof Weert	0
		weiter	Parallelweg, 160 m folgen	0,16
		rechts ab	Driesveldlaan, 290 m folgen	0,45
		links ab	Wilhelminasingel, 700 m folgen	1,15
		weiter	Eindhovenseweg, 20 m folgen	1,17
			Zuid-Willemsvaart (Kanal)	**1,17**
		weiter	RW über Brücke, 60 m folgen	1,23
		rechts ab	RW Noordkade, 640 m folgen	1,87
		links ab	Koonwiel, 70 m folgen	1,94
		rechts ab	Straße / RW, 200 m folgen	2,14
		weiter	Helmondseweg, 130 m folgen	2,27
			Knotenpunkt 73	**2,27**
		rechts ab	RW Helmondseweg, 110 m folgen	2,38
		links ab	RW Helmondseweg, 1,9 km folgen	4,28
		weiter	RW Rijksweg Zuid, 800 m folgen	5,08
		rechts ab	Molenberg, 110 m folgen	5,19
			Sluis 15 (Schleuse)	**5,19**
		weiter	über Brücke, 40 m folgen	5,23
			Knotenpunkt 72	**5,23**
		links ab	Wessemerdijk, 610 m folgen	5,84
			Kanal Wessem-Nederweert	**5,84**
		weiter	Wessemerdijk, 940 m folgen	6,78
		links ab	über Brücke, 100 m folgen	6,88
			Knotenpunkt 03	**6,88**
		links ab	Weg, 1,3 km folgen	8,18
			Eind	**8,18**
			Beginn der Fietsallee am Nordkanal	**8,18**
		rechts ab	Hulsen, 130 m folgen	8,31
		links ab	Hulsen, 130 m folgen	8,44
		links ab	Hulsen, 650 m folgen	9,09
		links ab	Weg am Kanal, 170 m folgen	9,26
		rechts ab	Weg am Kanal, 1,3 km folgen	10,56
		rechts ab	Niesakkerweg, 30 m folgen	10,59
			Knotenpunkt 04	**10,59**
		links ab	Weg am Kanal, 3,2 km folgen	13,79
		rechts ab	Gebleektendijk, 130 m folgen	13,92
		links ab	Aan `t Kruis, 1,3 km folgen	15,22
			Knotenpunkt 11	**15,22**
		links ab	Stokershorst, 150 m folgen	15,37
		rechts ab	Weg am Kanal, 3,1 km folgen	18,47

	Heibloem		**18,47**
weiter	Kreisverkehr, 50 m folgen		18,52
	Knotenpunkt 10		**18,52**
rechts ab	RW Kanaaldijk, 4,5 km folgen		23,02
weiter	RW Rotonde Bonaparte, 150 m folgen		23,17
	Beringe		**23,17**
	Ende der Fietsallee am Nordkanal		**23,17**
rechts ab	Hoogstr., 1,1 km folgen		24,27
	Knotenpunkt 12		**24,27**
weiter	Lorbaan, 1,1 km folgen		25,37
links ab	Pastoor Vullinghsstr., 1,2 km folgen		26,57
	Grashoek		**26,57**
	Knotenpunkt 21		**26,57**
weiter	Heleenaveenseweg, 1,3 km folgen		27,87
links ab	Heleenaveenseweg, 790 m folgen		28,66
	Knotenpunkt 29		**28,66**
links ab	Belgenhoek, 1,6 km folgen		30,26
weiter	Kwakvors, 520 m folgen		30,78
links ab	Kwakvors, 1,1 km folgen		31,88
rechts ab	Weg, 250 m folgen		32,13
	Helenavaart (Kanal)		**32,13**
weiter	über Brücke, 100 m folgen		32,23
	Kanal Van Deurne		**32,23**
weiter	über Brücke, 20 m folgen		32,25
	Knotenpunkt 09		**32,25**
links ab	Weg am Kanal, 1,4 km folgen		33,65
halb links	Holzweg am Kanal, 90 m folgen		33,74
	Meijel		**33,74**
rechts ab	RW Heldensdijk, 1,2 km folgen		34,94
weiter	Kerkstr., 490 m folgen		35,43
rechts ab	Raadhuisplein, 70 m folgen		35,50
rechts ab	Dorpstr., 310 m folgen		35,81
rechts ab	Molenstr., 330 m folgen		36,14
links ab	Molenstr., 320 m folgen		36,46
weiter	Hof, 120 m folgen		36,58
links ab	Berkenheg, 360 m folgen		36,94
	Knotenpunkt 95		**36,94**
weiter	Berkenheg, 720 m folgen		37,66
weiter	Berg, 390 m folgen		38,05
weiter	Vossenberg, 460 m folgen		38,51
rechts ab	Vossenberg, 290 m folgen		38,80
links ab	Vossenberg, 500 m folgen		39,30

	links ab	Vossenberg, 630 m folgen	39,93
		Knotenpunkt 08	**39,93**
	weiter	Vossenberg, 310 m folgen	40,24
	links ab	Nederweerterdijk, 660 m folgen	40,90
	weiter	Meijelsedijk, 2,1 km folgen	43,00
		Ospeldijk	**43,00**
		Knotenpunkt 07	**43,00**
	rechts ab	Moostdijk, 1,2 km folgen	44,20
		„Nationaal Park De Groote Peel"	**44,20**
	weiter	Moostdijk, 160 m folgen	44,36
		„Bezoekerscentrum Mijl Op Zeven"	**44,36**
	weiter	Moostdijk, 160 m folgen	44,52
		Knotenpunkt 05	**44,52**
	links ab	Schepengraaf, 940 m folgen	45,46
	rechts ab	Schepengraaf, 50 m folgen	45,51
	halb rechts	Reuterskamerdijk, 860 m folgen	46,37
	weiter	Horickheide, 570 m folgen	46,94
	links ab	Kampersweg, 860 m folgen	47,80
		Ospel	**47,80**
	rechts ab	Horick, 440 m folgen	48,24
	weiter	Niewstr., 780 m folgen	49,02
	weiter	Uliker, 300 m folgen	49,32
		Knotenpunkt 01	**49,32**
	weiter	Winnerstr., 400 m folgen	49,72
		Zuid-Willemsvaart	**49,72**
	weiter	über Brücke, 50 m folgen	49,77
	weiter	Peelsteeg, 730 m folgen	50,50
	halb rechts	Peelsteg, 700 m folgen	51,20
	rechts ab	Herstr., 70 m folgen	51,27
	links ab	Heerweg, 820 m folgen	52,09
		Nederweert	**52,09**
	rechts ab	Boeket, 90 m folgen	52,18
		Knotenpunkt 70	**52,18**
	links ab	Braosheuf, 450 m folgen	52,63
	weiter	RW Kreisverkehr, 80 m folgen	52,71
	rechts ab	RW, 150 m folgen	52,86
	weiter	Molenweg, 490 m folgen	53,35
	rechts ab	Sint Sebastiaanskapelstr., 560 m folgen	53,91
	links ab	Heerweg, 1,1 km folgen	55,01
	weiter	RW, 350 m folgen	55,36
	rechts ab	RW Kreisverkehr, 50 m folgen	55,41
	rechts ab	RW, 310 m folgen	55,72

←	links ab	Paltrokmolen, 190 m folgen	55,91
↱	rechts ab	Paltrokmolen, 250 m folgen	56,16
●		**Weert**	**56,16**
↱	rechts ab	Helmondseweg, 70 m folgen	56,23
●		**Knotenpunkt 73**	**56,23**
↓	weiter	Helmodseweg, 130 m folgen	56,36
←	links ab	Wiekendreef, 90 m folgen	56,45
●		**Zuid-Willemsvaart**	**56,45**
↓	weiter	über Brücke, 30 m folgen	56,48
↓	weiter	Biest, 160 m folgen	56,64
↱	rechts ab	Biest, 580 m folgen	57,22
↓	weiter	Oelemarkt, 80 m folgen	57,30
↓	weiter	Hoogstr., 170 m folgen	57,47
←	links ab	Markt, 110 m folgen	57,85
↓	weiter	Langstr., 280 m folgen	58,13
↓	weiter	Stationsstr., 220 m folgen	58,35
←	links ab	Parallelweg, 30 m folgen	58,38
●	**Ziel**	**Bahnhof Weert**	**58,38**

Serviceteil Rundtour 5

Tipp Essen und Trinken
Weert
Imbiss Automatiek, Lange Straat
In Weert entdeckten wir etwas Tolles: eine Frittenbude. Das ist für Holland sicher nichts Ungewöhnliches, aber dies ist keine gewöhnliche Frittenbude, es ist ein „Automatiek"! Man hat hier nicht nur einen Tresen, über den man alles, was man will gereicht bekommt, sondern vor allem eine lange Reihe mit kleinen Fächern, die man nach Einwurf von Münzgeld öffnen kann. Und dann kriegt man sie, die Köstlichkeiten der holländischen Fast-Food-Welt: die „Nasiballen", die „Bamischeiben", die „Loempias" und die „Frikandelen". Wer es mag, sollte aufpassen, dass er keinen Fressrausch bekommt.

Sehenswürdigkeiten
Nederweert-Eind (s. auch Kanaltour 3)
Naturgebiet Sarsven und de Banen
In Richtung Südosten von Nederweert-Eind liegen drei Moorseen, das Sarsven, de Banen und de Schoorkruilen. Diese Moorseen sind umringt von verlandeten Zonen, Bäumen und Wiesen. Die gesamte Fläche des Gebietes beläuft sich auf 173 Hektar. Es besteht ein Unterschied zwischen de Banen und dem Sarsven. Der erste Moorsee wurde 1992 renaturiert und 1998 um einen nördlichen Ausläufer erweitert: Auf einem Teil des Ufers ist die verlandete Vegetation zurückgedrängt und der für Moorseen natürliche Wasserhaushalt wiederhergestellt worden. De Banen hat eine seltene Begrünung aus verschiedenen Uferkräutern. Das Sarsven dagegen ist immer noch ein nahrungsreicher Moorsee. Außer den Moorseen hat das Gebiet durchaus noch mehr zu bieten. Vor allem rund um de Banen kommen Weidensträucher in den trockenen Wälder vor. Neben diesen Wäldern befindet sich abwechselnd raue und grasige Vegetation. In der Umgebung des Kanals Wessem – Nederweert sind Ende der 90er Jahre 40 Hektar neuer Boden gewonnen worden, worauf ein Naturwiederherstellungsprojekt durchgeführt werden soll. Dafür ist die Schoorkruilen ein Beispiel.

Beringe (s. auch Kanaltour 3)
Wisselkom („Wechselbecken") Noordervaart
Durch die Noordervaat wurde vor dem Zweiten Weltkrieg viel Holz für die Minen von Süd-Limburg angeliefert. Bei Beringe endete die Noordervaart und es musste eine Möglichkeit gesucht werden, von hier aus die Schiffe umkeh-

Typische Ambiente: Hof bei Ospeldijk

ren zu lassen. So wurde das Wechselbecken angelegt, das im Industriegebiet von Beringe noch immer in Gebrauch ist.

Nederweert-Ospel
Nationalpark De Groote Peel (Erklärung s. Wegbeschreibung)
„Bezoekerscentrum Mijl op Zeven" am Nationalpark De Groote Peel
Moostdijk 15, Tel.: 0031(0)495-641797
E-Mail: info@staatsbosbeheer.nl, www.staatsbosbeheer.nl
Audiovisuelle Medien sind Bestandteil der Ausstellung, in der die Vergangenheit und die Gegenwart der Region Groote Peel vorgestellt wird. Daneben gibt es auch einen Raum mit wechselnden Ausstellungen. Eine Bibliothek enthält zahlreiche Bücher über die Region. Für eine gute Verköstigung ist im Besucherzentrum gesorgt.

Weert
Natur- und Umweltzentrum „De IJzeren Man", Geurtsvenweg 4
Tel.: 0031(0)495 524893, www.nmcweert.nl
Das Museum beschreibt die hier „Kempen – Broek" genannte grenzüberschreitende Landschaft, die die Landkreise Weert, Cranendonck, Hamont-Achel, Bocholt, Bree, Kinrooi und Maaseik umfasst. Neben einer Dauerausstellung von präparierten Tieren finden Sie auf dem Museumsgelände ein Aquarium und eine Imkerei.

Radservice
Helden
Welten Tweewielers, Van Hövellstraat 72/74, Tel.: 0031(0)77 3071529

Maasbree
Hubo, Dorpstraat 71, Tel.: 0031(0)77 4652674

Nederweert
Bike Totaal Jan Driessen Fietsen, Kerkstraat 74/B, Tel.: 0031(0)495 625195
Budget Bikes Vaessen, Kapelaniestraat 1b, Tel.: 0031(0)495 632366

Ospel
Donkers Fietsverhuur, Meijelsedijk 19, Tel.: 0031(0)495 641235

Bett und Bike am Nordkanal

ADFC-empfohlene Bett und Bike-Betriebe

Alle vom ADFC empfohlenen Gastbetriebe erfüllen die vom ADFC vorgeschriebenen Mindestanforderungen:
Sie sind auch nur für eine Nacht willkommen; Ihr Fahrrad wird sicher untergebracht; für nasse Kleidung und Ausrüstung gibt es eine Trockenmöglichkeit; für kleinere Reparaturen am Rad steht Ihnen das wichtigste Werkzeug zur Verfügung; bei größeren Pannen hilft Ihnen die nächste Werkstatt weiter.
Mit bereitgestelltem Informationsmaterial wie regionalen Radwanderkarten sowie Bus- und Bahnfahrplänen finden Sie attraktive Ausflugsziele in der Umgebung.
Und morgens, wenn Sie aufwachen, erwartet Sie ein kräftiges Radlerfrühstück.

Grefrath

PP-Hotel Grefrather Hof, Am Waldrand 1-3, Tel.: 02158 4070
EZ: 51,00- 71,00 €, DZ: 62,00-100,00 €
www.pp-hotels.net/sites/grefrath/index.php?lang=de

Kaarst

Hotel Jan van Werth, Holzbüttger Str. 2, **Büttgen**, Tel.: 02131 75880
www.hotel-kaarst.com
EZ: 40,00-84,00 €, DZ: 60,00-119,00 €

Korschenbroich-Kleinebbroich

Hotel Bienefeld, Im Kamp 5, Tel.: 02161 998300
EZ: 55,00-60,00 €, DZ: 75,00-92,00 €
www.bienefeld-hotel.de

Nettetal

Hotel zur Post, Bahnhofstr. 10, Tel.: 02157 81570
E-Mail: info@hotelzurpost-nettetal.de, www.hotelzurpost-nettetal.de
EZ: 45,00 €, DZ: 80,00 €

Nettetal-Hinsbeck

Jugendherberge (JH) Nettetal-Hinsbeck, Heide 1, Tel.: 02153 6492
http://www.jugendherberge.de/jh/rheinland/nettetal-hinsbeck

Nettetal-Lobberich

Hotel Haus am Rieth, Reiners Str. 5, Tel.: 02153 80100
E-Mail:,info@hhar.de, www.hotelhausamrieth.de
EZ: 55,00 - 60,00 €

Neuss

Mercure Hotel Düsseldorf-Neuss, Am Derikumer Hof 1, Tel.: 02131 1380
EZ: 55,00-135,00 €, DZ: 65,00 145,00 €
www.hotel-duesseldorf-neuss.com

Neuss - Uedesheim

Jugendherberge (JH) Neuss, Macherscheider Str. 109, Tel.: 02131 718750
EZ: 28,50 - 31,50 €, DZ: 46,80 - 52,80 €, Gruppenunterkunft: 18,30 - 21,30 €

Straelen

Hotel Straelener Hof, Annastr. 68, Tel.: 02834 91410
EZ: 62,50-99,00 €, DZ: 80,00-135,00 €
www.straelenerhof.de

Niederlande

In den Niederlanden helfen Ihnen die Fremdenverkehrsbüros (VVV) in den Orten, in denen Sie übernachten wollen weiter. Für die Touren an der Noordervaart haben wir im Kapitel „Allgemeine touristische Informationen" alle infrage kommenden Fremdenverkehrsbüros aufgelistet.

Bike und Bahn am Nordkanal

Fahrradmitnahme bei der Deutschen Bahn AG

Fahrradmitnahme im Nahverkehr

Viele Nahverkehrszüge sind bereits mit Mehrzweckabteilen für Rad und Radler ausgerüstet. Das Fahrradsymbol in den Einstiegsbereichen weist Ihnen den Weg zu den Abstellplätzen für Ihr Fahrrad. In der Regel befinden sich diese Abteile am Zuganfang oder am Zugende. Auch in den Einstiegsbereichen der Nahverkehrszüge können Fahrräder abgestellt werden. Allerdings richtet sich die Fahrradmitnahme generell nach den zur Verfügung stehenden Kapazitäten. Deshalb sollten Sie vor allem den Berufsverkehr meiden und erst nach der Hauptverkehrszeit zu Ihrer Radtour starten. Auf stark befahrenen Strecken kommen insbesondere an Wochenenden in den Sommermonaten zusätzlich Gepäckwagen und Sonderzüge zum Einsatz.

Bahn & Bike in Nordrhein-Westfalen

In Nordrhein-Westfalen kostet das FahrradTicket NRW pro Geltungstag und Fahrrad in Verbindung mit allen Tickets des NRW-Tarifs 3,50 €.

Mitnahme in den Verkehrsverbünden

Innerhalb bestimmter Verkehrsverbünde/-gemeinschaften ist die kostenlose Fahrradmitnahme (beachten Sie bitte die unterschiedlichen Ausschlusszeiten) möglich. Genaue Informationen erhalten Sie über die angegebenen Telefonnummern und Internetadressen:
Verkehrsverbund Rhein-Ruhr (VRR)
VRR-Callcenter: 01803 504034 (9 ct/Min.), Internet: www.vrr.de
Verkehrsverbund Rhein-Sieg (VRS), Tel.: 0221 20808 0, www.vrsinfo.de

Für verkehrsverbundraumüberschreitende Fahrten innerhalb von NRW benötigen Sie ein FahrradTicket NRW. Dieses gilt im Zusammenhang mit einem Ticket des NRW-Tarifs für beliebig viele Fahrten innerhalb eines Tages in allen Verbundverkehrsmitteln, in denen ein nordrhein-westfälischer Verbund- oder Gemeinschaftstarif angewendet wird.

Mitnahme in den Verkehrsverbünden

Die Fahrradmitnahme ist in den Verkehrsverbünden unterschiedlich geregelt. So gibt es in einigen Verkehrsverbünden Sperrzeiten für die Fahrradmitnahme, um die im Berufsverkehr gefüllten Züge nicht zusätzlich zu belasten. Außerdem weichen die Preise für die Fahrradmitnahme in Verbünden in der Regel von den Tarifen der Deutschen Bahn ab. In einigen Bundesländern ist die Fahrradmitnahme in Nahverkehrszügen zu bestimmten Zeiten und auf bestimmten Strecken sogar kostenlos möglich. Bitte informieren Sie sich deshalb bereits vor Reiseantritt unter der Service-Rufnummer 0180 5 99 66 33. Genaue Informationen sind erhältlich über die Internetadresse www.bahn.de.

Radfahrer-Hotline

Informationen zu Reiseverbindungen, Fahrplänen und Fahrpreisen erhalten Sie über die Service-Rufnummer 0180 5 99 66 33 (14 ct/Min. aus dem Festnetz, Tarif bei Mobilfunk ggf. abweichend).

Niederlande

Für unsere Touren „Kanaltour 1" und „Rundtour 5" existiert von Venlo aus die Bahnverbindung Venlo – Roermond (umsteigen) – Weert und von Weert aus die Verbindung Weert – Roermond (umsteigen) – Venlo.

Für weitergehende Informationen helfen Ihnen die Fremdenverkehrsbüros (VVV) in den Orten, die Sie durchfahren. Für die Touren an der Noordervaart haben wir im Kapitel „Allgemeine Touristische Informationen" alle infrage kommenden VVV aufgelistet.

Fahrrad mieten bei der Bahn

Die Bahn und ihre Kooperationspartner bieten bundesweit etwa 250 Fahrrad-Vermietstationen direkt am Bahnhof oder in unmittelbarer Nähe an. Die Stationen liegen vor allem in touristischen Regionen. Die Mietpreise liegen etwa zwischen 3,– Euro und 12,70 Euro pro Fahrrad. Aktuelle Informationen und Kontaktadressen erhalten Sie im Internet unter www.bahn.de/bahnundbike sowie unter der Fahrrad-Hotline 01805151415 (14 ct/Min.).

Die Vermietstationen in unserem Tourengebiet (Stand 01. 2009):

Radstation am Bahnhof, Bahnhofsvorplatz 1a, 41515 **Grevenbroich**, Tel.: 02181 162685
Radstation am Hauptbahnhof, Breslauer Platz, 50667 **Köln**, Tel.: 0221 1397190
Arbeit und Beschäftigung – **Radstation** – Herr Jordans, Further Str. 2, 41462 **Neuss**, Tel.: 02131 661989 0
NS-Station, Stationsplein 1, 5913 AA **Venlo**, Tel.: 0031(0)77 352 62 48

Allgemeine touristische Informationen

Die Tourismusbüros in Deutschland

Rhein-Kreis Neuss
Wirtschafts- und Tourismusförderung, Oberstr. 91, Tel.: 02131 9280, info@rhein-kreis-neuss.de, www.wfgrkn.de
Mönchengladbach
Marketing Gesellschaft Mönchengladbach mbH, Voltastr.2, Tel.: 02161 252525, E-Mail: info@mgmg.de
Kreis Viersen / Kreis Kleve
Niederrhein Tourismus GmbH, Willy-Brandt-Ring 13, Tel.: 02162 817903, E-Mail: info@niederrhein-tourismus.de

Die Tourismusbüros in den Niederlanden

Venlo
VVV Venlo, Nieuwstraat 40-42, Tel.: 0031 (0)77 3543800, E-Mail: venlo@vvvnoordlimburg.nl
Baarlo
VVV Baarlo, Markt 21, Tel.: 0031 (0)77 4773666, E-Mail: baarlo@vvvnoordlimburg.nl
Helden
VVV Helden, Aan de Koeberg 3, Tel.: 0031 (0)77 3077459, E-Mail: helden@vvvnoordlimburg.nl
Weert
VVV-ANWB Weert, Maasstraat 18, Tel.: 0031 (0)495 536800, E-Mail: Vst_wrt@anwb.nl